D1876144

Zum G

Mein Dank an die Klienten und Teilnehmer der Energieschule, vor allen Dingen an das Leben, das mir die Chance gegeben hat, dies alles erleben zu dürfen.

Vorab

Es sei an dieser Stelle nachdrücklich darauf hingewiesen, dass die Teilnahme an meinen Seminaren oder Konsultationen keinesfalls den Besuch eines Arztes und dessen diagnostische Tätigkeit und Behandlung ersetzen kann und soll. Ebenso wenig sollten Sie die von Ärzten verschriebenen Medikamente absetzen!

Martin Brune

Zum Glück ins Jetzt!

Wie das Leben uns findet.

Bibliografische Information der Deutschen Nationalbibliothek
Die Deutsche Nationalbibliothek verzeichnet diese Publikation in der Deutschen Nationalbibliografie; detaillierte bibliografische Daten sind im Internet über http://dnb.d-nb.de abrufbar.

Satz, Umschlag, Herstellung und Verlag:
Books on Demand GmbH, Norderstedt
ISBN 978-3-8334-8850-4

Inhalt

Vorwort	9
1. Teil: Zum Glück – Ein Buch …?	11
Elenor	11
Die Vorbereitung	15
Niemand muss »daran glauben«	16
Die eigene Vision leben	17
El mundo energético zero	19
»Was wirkt, hat Recht« lautet ein Sprichwort	20
GLÜCK UND BESTIMMUNG	22
El mundo energético uno	22
Wie werden wir glücklich?	23
El mundo energético dos	28
Unsere Lebensaufgabe	29
Lebensthemen	30
Veränderungen geschehen nicht im Kopf	33
El mundo energético tres	34
Das Glück findet uns	35
Energie: Der Weg zur Bestimmung	36
El mundo energético quatro	37
ENERGIE, STÖRUNGEN, HEILUNG und VERBINDUNG	39
Was ist Energie?	39
Körper, Seele, Geist und … Energie	40
El mundo energético cinco	41
Chakren und dunkle Flecken	42
El mundo energético seis	45
Besserung zwischen den Welten	46
Können wir uns selbst verändern?	51

El mundo energético siete 53
Energieformen 56
Leichte Energien 58
Verdichtete Energie 58
El mundo energético ocho 61
Energieverbindungen 63
El mundo energético nueve 67
Ahnenenergien: Der Krieg ist noch lange nicht vorbei 69
El mundo energético diez 72
Energie-Resonanz 73
El mundo energético once 77

BEHANDLUNG, BESTIMMUNG UND GLÜCK 81
Die Behandlung 81
El mundo energético doce 83
Eine Fernbehandlung 83

El mundo energético trece 86

Auf zum Glück 88

Die Arbeit mit Kindern 90
El mundo energético catorce 92
Wenn das Glück zu uns kommt: Vision 93

Lebensaufgabe. Bestimmung. Glück. 95

Zufrieden Unzufrieden 98
Was kommt dann? 99
El mundo energético quince 100

An die Naturkräfte 102

2. Teil – im Jetzt! 104
El mundo energético último 132

Die Energieschule 134

Das Weltbild auf den Kopf stellen 139
Clearing: Basiskurs 139
Mit dem Herzen sehen: Seherkurs 140

Die Lebensaufgabe erfahren: Visionskurs 143

Hinweis: 144

Erfahrungsberichte 145

Kleines energiemedizinisches Glossar 173

Vorwort

Es gibt keines. Es geht sofort los. Wir haben keine Zeit mehr. Warum das so ist? Wird am Schluss erklärt.

1. Teil: Zum Glück – Ein Buch …?

Elenor

Ich kann den See nicht sehen, aber ich kann ihn durch das leichte Plätschern der kleinen Wellen hören. Überall ist Nebel, und der Condor sitzt auf einem kahlen Baum, der ganz nahe bei diesem See steht. Ich kann ihn riechen, den See. Das Wasser riecht modrig – irgendwie nach Holz. Holz, denke ich. Ich kann hören wie sich Holz bewegt, wie es knartzt. So wie die Dielen eines alten Segelbootes. Der Condor sitzt dort auf dem Baum, der ganz schwarz ist. In seinen Augen stehen Schock und Hilflosigkeit zugleich geschrieben. Überall ist Nebel. Deswegen kann der Condor nicht fliegen. Weil er nicht sehen kann.

Ich nehme den Nebel aus dem Bild heraus, der Nebel verschwindet langsam und das Bild wird deutlicher. Dort unten am See, da liegt ein Boot – da kommen also der modrige Geruch und das Knartzen her. In dem Boot liegt eine Frau. Sie ist schwanger. Sie hat ein Kleid an, das aus einem anderen Jahrhundert zu sein scheint. Ganz hinten am See sehe ich ein Haus brennen. Es riecht nach Rauch. Die Frau liegt im Sterben.

»Wo kommst du her?«, frage ich.

»Dort drüben aus dem Haus«, sagt sie mit schwerer Stimme.

»Was ist passiert?«

»Wir sind überfallen worden. Wir sind sehr vermögend, und der größte Neider meines Ehemannes ist sein Bruder, der immer ein Taugenichts war…«

»Wo ist dein Mann?«

»Er ist tot. Alle sind tot. Der Bruder meines Ehemannes wollte nur Geld, aber die Auseinandersetzung ist handgreiflich geworden. Dabei haben die Vorhänge Feuer gefangen und …«

»Und?…und?«, frage ich. Sie kann kaum noch sprechen – sie ist zu erschöpft.

»Taugenichts!«, denke ich und schaue mir ihr Kleid an, das mit Blut überströmt ist. 18. Jahrhundert würde ich sagen. »Taugenichts« – passt auch irgendwie, schlussfolgere ich. Weiter.

Der Condor schaut dem Treiben zu und will frei sein. Er will frei sein von diesem schrecklichen Bild.

»Wie heißt du?«, frage ich erneut die schwangere Frau im Boot.

»Caroline de Metier«, flüstert sie mit schwacher Stimme.

»Caroline, willst du ans Licht? Ich meine, du bist schon so lange hier am Ufer – über zweihundert Jahre. Willst du ans Licht? Willst du nun endlich frei sein?«, frage ich.

Schweigen. Stille. Heftige Flügelschläge schallen über den See, kommen mit Echo zurück. Der Condor wird unruhig, schlägt mit seinen Flügeln, so, als könne er es nicht mehr erwarten, loszufliegen.

»Ja …«, sagt sie leise. »Ich habe so lange auf Rettung gewartet. Ich will nicht mehr hier sein. Bitte, bitte führe mich und mein ungeborenes Baby ans Licht.«

Plötzlich sehe ich zwei Wesen in diesem Bild. Sie heben die Frau aus dem Boot, nehmen sie vorsichtig unter die Arme und verschwinden mit ihr durch einen Lichtkanal, der sich vom Boot gen Himmel gebildet hat.

Sekunden später verschwinden der See, der Baum, das brennende Haus. Der Condor fliegt, fliegt weit weg. Er ist wieder frei. Das, was bleibt, ist pures Licht. Pure Energie. So, als ob ich auf ein sich drehendes Lichtrad schauen würde. Warmes Licht. Angenehm.

Die Behandlung ist vorbei. »Oh Martin – das ist einfach unglaublich«, sagt Elenor und beginnt zu weinen, nachdem ich ihr erzählt habe, was ich bei ihr gesehen habe: Die sterbende Caroline de Metier, vermutlich eine ihrer Vorfahrinnen, und das schreckliche Ereignis am See, das ganz offensichtlich von Generation zu Generation weitergegeben wurde und sich nun wahrscheinlich aufgelöst hat.

Die Koffer stehen noch in der Diele meines Instituts. Ich war gerade aus Wien von einer Vortragsreihe zurückgekehrt und kam pünktlich zur Sitzung um acht Uhr abends an. Fernbehandlung per Telefon. Elenor ist eine Klientin aus Los Angeles, eine der erfolgreichsten Schamaninnen Nordamerikas. Auch die brauchen Sitzungen, da sie mit sehr vielen Menschen Kontakt haben und deshalb oft schweren Energien ausgesetzt sind.

Verzweiflung und auch das Gefühl von Trauer waren »ihr Thema« im kurzen telefonischen Vorgespräch: das permanente Gefühl von Trauer und ein »Irgendwie-gehemmt-sein«, Stagnation im Leben.

Im Nachgespräch löst Elenor ihre Lebens-Stagnation selbst auf: Sie und ihr Mann versuchen schon seit über 15 Jahren Kinder zu bekommen. Es hat nie funktioniert. Bis heute hatte sie drei Abgänge gehabt und den Kinderwunsch für sich eigentlich beiseite geschoben. Dass die Niedergeschlagenheit, die Frustration und das sporadische Gefühl der Sinnlosigkeit im Leben durch die Energiestörung, also die schwangere Frau, den See und die anderen Erscheinungen kommt, hätte sie nicht für möglich gehalten, obwohl sie selbst als Schamanin arbeitet.

Sie fühlte sich all die Jahre wie dieser Condor. Und die Ohnmacht der schwangeren Frau im Bauch war auch ständiger Begleiter.

Sie werden sich nun sehr wundern. Was schreibt der da? Mit diesem Quatsch soll Elenor geheilt worden sein? Um Himmels willen! Die Auflösung der Verwunderung wird in diesem Buch geschehen. Dabei geht es mir am wenigsten darum, meine Leser damit zu faszinieren, was ich während der Behandlung sehe und unternehme. Im Grunde tut das gar nichts zur Sache, denn die Klienten müssen sich mit dem Bild überhaupt nicht auseinandersetzen. Ich bräuchte ihnen die Bilder nicht einmal erzählen, aber natürlich ist jeder Klient neugierig darauf, wer oder was in seinem Energiefeld ist.

Und auch, wenn Elenor anschließend eine Parallele zu ihrem Kinderwunsch zieht, ist diese Analogie nicht ausschlaggebend für die Sitzung. Wichtig ist allein, dass die Frau in dem Bild ihren Frieden findet und der Condor wieder fliegen kann. Das ist eine andere Ebene. Eine Bildebene. Energie, die durch Bilder informiert. Jetzt ist ihr Energiefeld von einem dunklen Fleck gereinigt.

Noch mehr Quatsch, denken Sie. Übrigens, Elenor ist inzwischen schwanger geworden.

Seitdem ich mit Energien arbeite, die Schule und das Institut gegründet habe, habe ich so gut wie überhaupt keine Zeit mehr. Mein Beruf bereitet mir Spaß. Unendlich Spaß. Die Sitzungen sind äußerst erfolgreich und werden mittlerweile von meinen Assistenten durchgeführt. Und: Ich muss ein Buch darüber schreiben. Über Energiearbeit. Darüber, wie »meine« Energiearbeit funktioniert.

Bücherschreiben ist wirklich Menschen mit viel Sitzfleisch und extremem Recherchedrang vorbehalten, denke ich. Wozu das Ganze? Welche Intention hat das Buch? Mehr Menschen zu erreichen? Wissen zu verbreiten? Ja, das vielleicht, das könnte es sein. Wenn es dazu dient, dann schreibe ich es gerne. Auch wenn sich das »Wissen« nur schwer aufschreiben lässt. Das Buch muss kurz sein, es muss wachrütteln und einen Weg aufzeigen. Einen Weg »aus der Schwere« des Lebens. Denn eigentlich hat die Natur ein problematisches Leben nicht vorgesehen – warum soll dann ein großes Buch oder vielleicht sogar viele Bücher über etwas geschrieben werden, was nicht »vorgesehen« ist? Glauben Sie mir – die Natur lehrt uns einen einfacheren Weg des Lebens, wenn wir uns wieder mit ihr verbinden, also einswerden.

Die Vorbereitung

Es gibt zwei Gründe für das Aufschreiben meiner Geschichte. Der erste ist das unglaublich hohe Feedback meiner Klienten, qualitativ wie quantitativ. Der zweite ist mein mich selbst überwältigender Weg, der Schritt für Schritt in der Welt der Naturkräfte Fuß fasst, ohne es selbst zu forcieren – und dabei Dinge zu erleben, die ich nie für möglich gehalten habe. Und das nur vorweg: Sobald sich etwas in unserem Energiefeld verändert, d.h. die Naturkräfte wieder wirken können, verändert sich alles um uns herum – vor allen Dingen die Lebensqualität. So auch in meinem Leben. Am Ende von energetischen Naturprozessen finden Sie »Ihr Glück«: nämlich zu Ihrem Lebensvertrag, der dank energetischer Prozesse endlich freigelegt wurde. Genau wie bei mir selbst.

Meinen Werdegang finden Sie in den »El mundo energético«-Kapiteln (dt »Die energetische Welt«) chronologisch erzählt.

Niemand muss »daran glauben«

Ich will und werde Ihnen nichts erzählen, was Sie glauben müssen. Sie werden auch nicht in eine undurchschaubare Sache hineingezogen, die kein Ende nimmt. Die Sitzung selbst dauert vielleicht dreißig Minuten und wird bei meinen Klienten am Anfang maximal drei Mal durchgeführt. Dabei werden noch nicht einmal die Gardinen zugezogen. »Ob Sie's glauben oder nicht« … das spielt in dieser Form der Energiearbeit keine Rolle. Sie können danach alles vergessen, Sie müssen nicht interpretieren, nicht der Sache hinterhergehen, nicht grübeln, gründeln oder überlegen. Ihr Problem hat sich ja bereits verändert. Selbstverständlich versuchen wir, uns einen Reim darauf zu machen. Worauf? Möglicherweise darauf, dass es uns nach der Behandlung plötzlich besser geht. Dass das Unwohlsein verschwindet. Dass der Dauerclinch mit der Mutter von selbst beigelegt wird. Dass Sie auf einmal das Jobangebot bekommen, um das Sie sich immer vergeblich bemüht haben.

Entscheidend ist einzig und allein, dass diese Art der energetischen Arbeit tausendfach zu Erfolg geführt hat. Die Bestätigung dafür finden Sie im zweiten Teil, wo Klienten von ihren positiven Erfahrungen berichten. Die Intention dieses Buches liegt genau darin: Zu zeigen, dass die Sache klappt. Es ist so einfach. Und es ist ein Tool, das uns jahrzehntelange Prozesse der »Arbeit an sich selbst«, schlechtes Gewissen, Plagen oder Schuldzuweisungen ersparen kann. Und man muss nicht einmal daran glauben. Willkommen, liebe Skeptiker.

Die eigene Vision leben

Oft haben sich die Lebens-Parameter meiner Klienten nach ihrer Aussage umgestellt, als hätte ein Kompass die Himmelsrichtungen neu justiert.

Die meisten von uns leben nicht das Leben, von dem sie träumen. Da ist der Job, aber eigentlich wollte man ja immer Musiker, Schriftsteller, Gärtner sein oder einfach nur mit Menschen arbeiten. Da ist der Partner, mit dem es so halbwegs funktioniert, aber eben nur halbwegs, und das, was uns fehlt, besorgen wir uns woanders. Da ist dann noch die Stadt, in der wir schon lange nicht mehr leben wollen, der Traum vom Leben auf dem Land steht noch wie ein Fragezeichen im Raum.

Die meisten Hochbegabten der Zeit beginnen im frühesten Alter im Vollbesitz ihrer reinen energetischen Kräfte zu leben und zu arbeiten. Für sie ist das keine »harte« Arbeit. Denn sie arbeiten auf ihrer Bestimmungslinie – und das schon in relativ jungen Jahren.

Die meisten von uns erfahren jedoch durchschnittlich im Alter von vierzig Jahren ihre wirkliche Bestimmung, weil dann oft ein einschneidendes Erlebnis eintritt wie eine Depression, der Verlust des Partners oder einfach eine Midlife Crisis.

So lange aber nichts passiert, bewegen wir uns in den gleichen Mustern. Und wundern uns, warum sich nichts ändert. Warum wir uns mehr im Kreis drehen, als wir weiter kommen, oder warum zum Beispiel jeder Partner die gleichen Probleme mit sich bringt.

Deshalb dieser Text. Er verändert nicht – das kann man nur selbst. Er berät nicht. Er belehrt nicht. Er be-schreibt, was mir in der Zwischenzeit als Energieseher »widerfahren« ist und was auf diesem Weg passiert. Dadurch wird er allerdings zur Beweisführung, dass hier Naturkräfte am Werk sind, die von Außen betrachtet ungeheuerliche Wirkung zeigen.

Ich habe gelernt, diese Naturenergien zu sehen und mit ihnen zu arbeiten. Doch eines nach dem anderen.

Dieses Buch thematisiert meine Entwicklung vom »Unternehmer, Ingenieur und Skeptiker« zum Energieseher und Lehrer und die Auswirkung der energetischen Therapieerfolge auf den Sinn des Lebens der Klienten, auf das »Finden« der Bestimmung in Form von Berufung, Liebesglück, welche Lebensbereiche auch immer.

Dieser Ansatz unterscheidet dieses Büchlein von Texten, die Methoden lehren wollen, von Ayurveda bis Reiki. Geheilt wird nur in der Praxis, nirgendwo anders. Das kann ein Buch nicht leisten.

El mundo energético zero

Als Dipl. Ing. für Elektrotechnik durchlief ich eine sehr ungewöhnliche Karriere. Meine »äußere« Karriere entsprach die eines »High Potentials« – so wie Personalberater mich damals nannten: Studium in 10 Semestern, fließend drei Sprachen, Studienarbeit im Ausland, Auslandssemester.

Aber wie sah es wirklich in mir aus? Nach dem Abitur hätte ich am liebsten Psychologie studiert. Oder Musik. ich wollte immer viele Instrumente spielen. Niemand konnte etwas damit anfangen. »Das ist alles brotlose Kunst«, sagte mein Vater.

Nach ein paar Jahren als Angestellter bei mehreren Unternehmen machte ich mich selbständig.

Als ich die Firma gründete, wusste ich, dass ich das nicht das ganze Leben machen würde. Ich wollte immer mit Menschen arbeiten. »Jetzt ist es zu spät Psychologie zu studieren«, sagten Freunde. »Und was soll mit Musik sein? Häng die Gitarre an die Wand…«.

Doch unter dieser nach außen glanzvollen Hülle steckte ich, ein zutiefst zerrissener Mensch, labil, grüblerisch und depressiv. Geplagt von Alpträumen und Platzangst, Unsicherheit und Panikattacken, von Juckreiz und Verspannungen, Magen- und Rückenschmerzen, um nur einige meiner Symptome zu nennen.

Ich hatte immer einen Therapeuten. Ich kam mit der Bilderflut nicht klar. Mit den Monstern, die aus den Köpfen der Menschen krochen. Wie Schnappschüsse reihten sich ihre Fratzen aneinander. Ich soll eine leichte Psychose haben, sagen die Therapeuten.

Mit ca. 30 kam dann der Bruch.

Meine Depressionsschübe wurden immer stärker, so stark, dass ich sie nicht mehr nach außen vertuschen konnte. Und so kam es, dass ich für sieben Monate an eine psychiatrische Tagesklinik überwiesen wurde.

In der Tagesklinik begegnete ich meinem größten und wichtigsten Lehrer: Meiner Krankheit.

Immer wieder habe ich meine Therapeuten gefragt: »Wann endlich verschwinden die Farben und das Licht, die Monster, Viecher und Fratzen, die ich sehe? Wann endlich muss ich nichts Irreales mehr sehen?« »Ich denke, Sie müssen damit leben«, sagte man mir zum Abschied.

Meine äußere Karriere als Ingenieur und nach außen strahlender Erfolgsunternehmer war damit beendet. Endgültig. Und das machte mir Angst. Riesige Angst.

Eine andere, im Grund genommen »innere« Karriere hatte begonnen, denn von extremen Existenzängsten geplagt, auf der Suche nach Besserung musste bzw. durfte ich mich mit vielen Heilrichtungen beschäftigten.

Die Begegnung mit einem indianischen Heiler brachte den Durchbruch. Ich wurde schlagartig von der Schwere meiner Depression geheilt. Heute weiß ich, dass es nicht der Heiler war, der mich heilte, sondern ich mich selbst.

»Was wirkt, hat Recht« lautet ein Sprichwort

Ich habe es dem Druck der Teilnehmer der Energieschule zu verdanken, dass diese Bilanz in Form eines Büchleins zustande gekommen ist. Mit diesem Text gebe ich ihnen etwas davon zurück. Etwa 5.000 Klienten habe ich bisher behandelt. Nur durch das Feedback dieser Klienten weiß ich, dass es wahr und richtig ist, was ich Ihnen erzähle.

Alles, was hier steht, ist geschehen. Deshalb steht hier nichts, was man nicht greifen, also begreifen könnte. Es sind Resultate. Glauben Sie mir, ich brauchte selbst viel Zeit, all das zu verstehen. Es handelt sich allerdings um ein Wissen, das vor langer Zeit auch in Europa, auch in Deutschland existierte. Wir haben es durch viele kulturhistorische Ereignisse verloren. Aber das »Urwissen« schlummert ganz tief in uns und muss nur wieder an die Oberfläche gebracht werden.

In der Energieschule lehren wir die Rückgewinnung der unglaublichen Kräfte der Intention und Intuition. Im Seherkurs (»Seeing«) lernt man, Energien zu sehen. So werden die eigenen Wunden, das Unwohlsein, die Schmerzen in Quellen der Kraft verwandelt. Man lernt, ungünstige Lebensentwürfe aufzulösen und eine glückliche und gesunde, reichhaltige Zukunft zu finden.

Es geht im Leben um gesundes Wachstum, so wie auch der Weg der Natur ist. Zentrale Aufgabe unseres Daseins ist also, den Acker unseres Lebens zu bestellen – mit der Kraft der Vision.

Die meisten Menschen sind noch nicht auf dem richtigen Weg. Es liegen noch schmerzhafte Steine herum. Und die müssen weg. Nur, wenn wir unsere Wunden verwandeln, können wir eine Glück bringende Zukunft finden und ins Wachstum gelangen.

Die Lösung ist einfacher, als wir denken. So simpel, dass es einem halbwegs Gebildeten spanisch vorkommen muss, was ich hier schreibe. Und das ist es ja auch zum Teil … der »Stein der Weisen« liegt quasi vor der Haustür – wenn wir bereit sind, unser Weltbild auf den Kopf zu stellen. Der Schlüssel zu allem ist ein Wort:

Ja! – ja zu sich selbst.

GLÜCK UND BESTIMMUNG

El mundo energético uno

Nach der Heilungserfahrung wieder in Deutschland, dachte ich oft an Don Humberto. Er war es, der mich damals von meiner schrecklichen Depression befreite. Zumindest dachte ich zu diesem Zeitpunkt, dass er es gewesen sei. »Eres mi hermano«, sagte er damals: »Du bist mein Bruder«. Was hatte das zu bedeuten? War ich nun mit ihm verbunden? War das eine Ehre – oder nur so ein Spruch? Sagt er das zu jedem?

Köln kam mir nach meiner eigenen Heilungserfahrung sehr fremd vor. Die Stadt war laut, nass und dunkel. Energetisch dunkel. Und meine Wohnung war es auch. Die Bilder, die Stühle, die Tische, die Schränke, das, was auf den Fensterbänken herumstand: Alles Schrott. »Alles Zeug aus der Vergangenheit«, dachte ich, als ich wieder in meiner Wohnung war.

In den nächsten Tagen räumte ich auf. Ich schmiss quasi die halbe Wohnungseinrichtung hinaus. Bis es hell war. »Das Innere manifestiert sich im Äußeren«, erinnerte ich mich an Humbertos Worte, »niemals umgekehrt«.

Wie werden wir glücklich?

Die Energiearbeit lässt sich nur schwer in Worte fassen. Außerdem geht es bei dieser Form der Energiearbeit, so wie ich sie nenne, um viel mehr als nur um Heilung, Kranksein oder Besserung.

Es geht um die Zukunft eines jeden. Es geht um Bestimmung, nicht im Sinne von Bestimmt-Werden, sondern von Selbstverwirklichung. Ein guter energetischer Zustand ist quasi eine Grundvoraussetzung dafür.

Wenn wir wirklich ganz werden, können wir unsere Bestimmung erreichen, sie leben. Denn dann haben wir uns von allem Ballast befreit, seien es Ängste, Zweifel, Unwohlsein oder körperliche Beschwerden. Denn dann drehen sich all unsere Lebens-Parameter. So wie wir von lieb gewonnenen Gewohnheiten ablassen, wenn wir heiraten, wie wir anders denken und leben, wenn wir ein Kind ans Licht der Welt bringen – genau so ändern sich die Dinge um uns herum, wenn unsere Energie frei fließen kann.

Umgekehrt baut sich unser Leben aus allen »inneren« Parametern um uns herum auf. Ein einfaches Beispiel: Wenn Sie das Problem haben, dass Sie nicht lange Auto fahren können, werden Sie stark an Ihren Wohnsitz gebunden sein. Die Ausübung eines idealeren Jobs, welcher die Anfahrt mit dem Auto nötig macht, wäre für Sie unmöglich. Also verzichten Sie wegen Ihrer Angst auf den Wechsel zu einem neuen Arbeitgeber.

Wir arrangieren uns mit unseren Problemen und entwickeln auch Vermeidungsstrategien, um unter anderem unseren Ängsten nicht zu begegnen.

Wenn wir dagegen wirklich in unserer Kraft sind, und das sind die wenigsten, dann können wir nur »Kraftvolles« anziehen. Dann existiert kein Mangeldenken.

99 Prozent meiner Klienten kommen aus dem Gefühl von Mangel

oder Angst. Die Angst davor, dass irgendwann nicht mehr genug Geld da ist, nicht genug zu essen, nicht genug Luft zum Atmen, nicht genug hiervon, nicht genug davon. Viele haben Angst davor, die Liebe könnte vorbei sein oder noch schlimmer: nie wiederkommen. Wenn wir in unserer Kraft sind, dann gibt es diese Ängste nicht. Im Seherkurs (»Seeing«) der Energieschule arbeiten wir im ersten Schritt mit dem Mangeldenken und löschen es energetisch. Anstelle dieser dunklen Flecken tritt Energie – Ihre Lebensenergie, wenn Sie so wollen. Und diese Lebensenergie drückt sich in Kreativität aus.

Soll ich darüber schreiben? Ist das interessant? Sollten das die Leser wissen? Ist das Wort »Bestimmung« nicht zu religiös? Ist das Wort nicht zu stark mit dem Wort Schicksal verbunden und damit mit einer Art Opferrolle? Soll ich schreiben, dass viele Menschen die Kurse buchen und ihre Bestimmung gefunden haben? Soll ich vielleicht darüber schreiben, dass die Energieschule eigentlich eine Lebensschule ist, in der man lernen kann, mit Energien sein Leben zu erschaffen?

All diese Fragen kann ich jetzt nicht beantworten – ich kann mich nicht entscheiden. Ich fahre erst einmal zum Institut. Heute habe ich sechzehn Behandlungen – ein ganz normaler Tag.

Franziska

Ich beginne mit Franziska. Ihr Thema ist ein unglaublicher Groll gegen ihre Schwiegereltern, die sie nicht akzeptieren wollen. Schon gar nicht ihre Arbeit, sagt sie. Sie sei so eine »Yogatante«, sagen die Schwiegereltern und ziehen sie damit auf, reden hinter ihrem Rücken mit ihrem Mann über sie. Bei der Vorstellung könnte sie in die Luft gehen, sagt sie.

»Aber bitte nicht hier«, sage ich scherzhaft und beende damit das Vorgespräch, denn ich kann schon die Quelle, die Energiestörung in ihrem Energiefeld sehen. Sie soll sich nun auf den Behandlungstisch legen, die Augen schließen und einfach gar nichts tun. Gar nichts. Sie soll ihren Körper beobachten, ob er heiß oder kalt ist, ob irgendwo Druck zu spüren ist, vielleicht hat sie Gedanken, sieht Bilder oder hört Geräusche. Alles soll sie einfach nur beobachten, erkläre ich ihr.

Das fällt den meisten der Klienten besonders schwer. Wir, gerade in unserer aufgeklärten Welt, versuchen alles mit dem Kopf zu lösen. Nie sind wir still oder können still sein. Sich einfach nur zu beobachten, ist sehr schwer.

Wir müssen immer irgendetwas tun. Und wenn wir einfach nur dasitzen, dann denken wir meistens über unsere Misere nach. Dabei ist der Geist ein äußerst bescheidenes Hilfsinstrument. Der Geist erreicht nur selten die tiefen Ebenen der Energien. Denken bringt also gar nichts. Grübeln sowieso nicht.

Ich schaue bei Franziska in die Nähe des Solarplexus, den dritten Energiebereich des Menschen (Chakra), und sehe zwei, drei Verbindungen aus ihrem Energiesystem nach draußen.

Durch Verbindungen fließt permanent Energie zwischen Menschen. Zwei Verbindungen sind tiefschwarz, die andere ist gräulich. Daran sehe ich, dass zwischen Franziska und den drei Personen nichts Gutes fließt. Ich trenne die Verbindung und beobachte Franziska. Nach ein paar Sekunden seufzt sie stark und murmelt etwas von: »ich fühle mich leichter, Energie durchströmt meinen Körper …«.

Nach der Sitzung erzählt sie mir, wie sie die Sitzung erlebt hat. Franziska hat ein ausgezeichnetes Gedächtnis. »Was ist mit dem Groll, mit der Wut?«, frage ich abkürzend. Franziska macht nachdenkliche Augen. »Es ist weg«, sagt sie strahlend.

Jetzt werden Sie sich wieder kritisch fragen: Was? So einfach soll das sein? Nein, ist es nicht. Nur für den, der wirklich »sehen« kann, ist es so einfach.

Im Laufe des Nachmittags kommen Klienten mit den verschiedensten Themen: Ängste, Panik, Partnerprobleme, Allergien, Zukunftsängste.

»Zukunftsangst«, denke ich. »Zukunftsangst kann man nur haben, wenn man nicht da ist, wo man hingehört – ganz weit weg von seinem Weg, seiner Begabung, seinen Talenten. Des Geldes wegen seinen Job machen – das muss auf Dauer unzufrieden machen.«

Thomas

»Ich habe von einer Freundin gehört, Sie führen auch energetische Sitzungen durch, um die Bestimmung zu mir zurückzubringen?«, fragt Thomas, Abteilungsleiter bei einem Telekommunikations-Unternehmen. Er ist der letzte Klient heute.

»Was erwarten Sie davon?«, frage ich.

»Na, ich denke, dass ich dann schnell etwas finde, was mich zufriedener macht. Der Job ist soweit okay, aber erfüllend ist er nicht,« führt er weiter aus.

»Was ist daran nicht erfüllend?«

»Na die Kollegen. Und überhaupt … mein Chef. Wir kommen nicht klar. Irgendwie hat der was gegen mich. Außerdem fühle ich mich wie ein Quertreiber, Einzelgänger. Das liegt aber an dem ganzen Laden – nicht nur an mir«, sagt er.

Chef, Abteilungsleiter, Bereichsleiter – diese Worte lassen alte Erinnerungen in mir aufkommen, als ich noch selbst in diesen Bereichen als Ingenieur gearbeitet habe.

»Die, mit denen ich diese Form der Behandlung mache, haben schon, sagen wir, eine gewisse energetische Grundreinheit.«

»Grundreinheit?«, fragt Thomas und legt die Stirn in Falten.

»Um es kurz zu machen: Sie müssen an ein paar, sagen wir, Vorthemen arbeiten, um Ihr Energiesystem für das spannende Zurückholen von Zukunftsenergien vorzubereiten.«

»Vorthemen?«, fragt er zweifelnd.

»Ja, zum Beispiel Ihr Unzufriedenheit, Ihre Wut auf Ihre Kollegen, Ihrem Chef … das sind Themen. Es kann ja nicht sein, dass alle 20.000 Mitarbeiter dort schlechte Menschen sind. Wie ist das denn mit Ihren Freunden, mit Ihrer Familie? Aber mehr kann und darf ich schon nicht sagen. Ich will Ihnen ja nicht Ihre Themen nennen oder geben. Das ist mir nicht erlaubt – aber genau das ist die Arbeit, die zu tun ist.«

Thomas war an diesem Tag nicht bereit, an den Themen zu arbeiten, obwohl seine Wut und Unzufriedenheit gute Themen gewesen wären.

Was hat das alles mit unserer eigenen glücklichen Zukunft zu tun? Was hat das alles mit Lebensglück zu tun?

Die meisten der Klienten oder Teilnehmer von Seminaren versuchen Probleme »wegzuwünschen«. Die Themen sind sehr mannigfaltig, wie zum Beispiel: »Ich möchte keine Angst mehr haben«, »Ich will nicht mehr an meinen Ex-Partner denken müssen« oder »Ich will wieder schlafen können« oder wie in Thomas' Fall: »Ich will einfach meine Bestimmung finden und endliche meine Ruhe haben.«

Man kann sich keine Probleme wegwünschen. Das geht nicht. Das wäre so, wie wenn der Zahnarzt eine Krone einsetzen würde, ohne den Karies vorher zu entfernen. Der Karies, also die Probleme, würden wiederkommen, da sie nicht wirklich geheilt sind.

Nur wenn wir unsere Wunden (Probleme) wirklich heilen, sie in Quellen der Kraft verwandeln, können wir unsere Glück bringende Zukunft finden. Es gibt keine andere Lösung. Alle Berater, »positive thinker«, Motivationstrainer da draußen, die einen einfacheren Weg vorgaukeln, sollte man mit Vorsicht genießen.

In unserer Kultur ist es auch sehr verbreitet, sich mit seiner Vergangenheit und seinen Erfahrungen zu beschäftigen – man denke nur an Parameter wie »Schuld« oder »Scheitern« (was übrigens vom »Scheit« kommt, mit dem man auch den »Scheiterhaufen« bestückt, sieht man oft …). Die Vergangenheit kann man nicht rückgängig machen.

Bei dieser Form der Energiearbeit, haben wir es mit einer anderen Welt zu tun. Einer Welt, die ohne Ursache und Wirkung auskommt, die die Bestimmung nicht von der Vergangenheit abhängig macht oder von der einen Chance, die man ordentlich vermasseln kann. Diese Welt kennt auch keine Wünsche oder »Ziele«, deren Sklave man bis zur Erfüllung ist. Nicht einmal Glück in dem Sinne, dass man es erreichen muss. Diese Welt mag noch nicht einmal Fragen. Es handelt sich um die Welt der Energie.

El mundo energético dos

»Eres mi hermano«, klang es noch immer in meinen Ohren. Ich fühlte mich innerlich sicher – nicht mehr allein. Und dennoch überkam mich oft ein Gefühl der Unsicherheit. »Bin ich jetzt energetisch infiziert?«, fragte ich mich. Bin ich jetzt von Quero-Gurus abhängig?

Ich schob diesen Gedanken weg, und in den darauf folgenden Wochen lud ich ein paar Freunde zu Heilsitzungen ein. Ich hatte nicht die Idee, als Energieseher arbeiten zu wollen, und dennoch wollte ich nicht meine Fähigkeiten verkümmern lassen. Außerdem wollte ich feststellen, ob ich auch in der »realen Welt« Heilerfolge hatte. Auch wollte ich wissen, ob ich einfach per Intention mein »Sehen« wieder ein- und ausschalten konnte.

Die ersten fünf Freunde kamen mit ganz verschiedenen Problemen. Ich merkte, dass sie sich nicht die schlimmsten Themen ausgesucht hatten – wohl deswegen, weil sie sich nicht in die intimsten Bereiche »gucken« lassen wollten. Das war einerseits verständlich, aber andererseits war ich auch sauer darüber.

So ging es um Rückenbeschwerden, Atemprobleme, Juckreiz, Schlafstörungen und Müdigkeit.

»Na gut«, dachte ich und machte mich an das Löschen von energetischen Schwertern, Objekten, schwarzen Flecken und Verunreinigungen aus den leuchtenden Energiefeldern meiner Freunde. Die Sitzungen machten Spaß, unglaublich viel Spaß. Ich hatte richtig Freude an den Terminen und konnte es kaum erwarten, einen neuen Sitzungstermin zu haben.

Dabei bat ich alle, zweimal zu kommen. Beim ersten Mal würde ich die schwere Energie herausnehmen und beim zweiten Mal das Energiefeld rebalancieren, erklärte ich jedem. Meine Freunde amüsierten sich immer während der Sitzungen, da es für sie sehr komisch war, von mir behandelt zu werden. Sie waren sehr skeptisch. Sie wussten, dass ich ein guter Unternehmer war … aber ein Energieseher?

Unsere Lebensaufgabe

Heute ist Mittwoch. Der Tag beginnt um acht Uhr. Natürlich habe ich mittlerweile Helfer, die die Telefonanrufe entgegennehmen. Am liebsten würde ich mit jedem Interessierten selbst sprechen – was zeitlich schon nicht mehr geht. Der Run ist zu groß. Zum Glück können meine Mitarbeiter genau so gut energetisch arbeiten wie ich. Das ist das Großartige daran: Jeder kann es lernen. Irgendwann arbeitet jeder mit jedem, wenn er es braucht. Das war früher so, und das ist meine Mission, wenn Sie so wollen.

Es gibt ihn, den »Sinn des Lebens«, einen Grund, warum wir auf dieser Welt sind. Das ist nicht irgendwie passiert. Nach der Lehre vieler Mysterienschulen werden wir alle mit einer bestimmten Lebensaufgabe geboren. Mit einer energetischen Lebensaufgabe. Tief in uns ist diese Lebensaufgabe verankert. Und diese Aufgabe will erfüllt werden.

Ich hatte anfänglich schon große Zweifel, das zu glauben. »Bestimmung«: Wir sind nicht ohne Grund hier, alles vorherbestimmt, die stundenlangen Diskussionen früher im Religionsunterricht darüber … all das machte mich für ein erneutes Aufleben dieses Themas nicht gerade offen.

Durch meine Arbeit mit Klienten »kam« dieses Thema aber zurück. Und zwar durch ihr Feedback, aus der Praxis also.

Lebensthemen

Die Lebensaufgabe ist bei jedem Menschen einzigartig. Der gesunde Menschenverstand und auch die Erfahrung aus dem eigenen Leben beweisen das. Wie oft haben wir als Kinder versucht, Idole zu kopieren, um genauso erfolgreich zu sein. Wie viele sind kläglich bei der Heimorgel gescheitert, von der anfänglichen Idee besessen, ein großer Musiker zu werden? Es kann einfach nicht jeder ein Popstar sein. Und im höheren Alter: Wie oft versuchen Menschen, das zu tun oder nachzumachen, womit andere Erfolg hatten?

Warum scheitern die meisten Versuche? Wieso können wir das Lebensglück des anderen nicht einfach kopieren?

Ganz einfach: Weil wir eine eigene, individuelle Lebensaufgabe erfüllen müssen. Jeder von uns. Wir müssen unseren persönlichen Vertrag finden, mit dem wir inneren, wirklichen Reichtum leben können.

Wie sich dieser Vertrag in unserem Leben NICHT manifestiert, ist eine Frage, die jeder selbst beantworten kann. Dazu brauchen wir nur unsere derzeitige Lebensqualität kritisch zu betrachten. Um unsere Lebensaufgabe vom Gefühl her, also energetisch zu entdecken, so wie sie eigentlich gelebt werden sollte, betrachten wir die vier elementarsten Bereiche unseres Lebens:

Partnerschaft/Liebe, Beruf, physische Gesundheit und psychische Gesundheit.

Nehmen Sie nun diese vier Bereiche und beantworten Sie für sich ernsthaft die Frage, finden Sie ein ehrliches Gefühl gegenüber diesen Bereichen: »Bin ich in diesem Bereich wirklich ausnahmslos glücklich?«

Das ist doch Quatsch, werden Sie sagen, niemand kann in allen Bereichen ausnahmslos glücklich sein. Ich sage: doch!

Die, die ganz nah an ihrer energetischen Lebensaufgabe leben, sind glücklich. Relativ glücklich. Das sind Menschen, die derjenige, dem es schlechter geht, oft neidvoll anblickt. Das sind die Gewinner in unserer Gesellschaft, denen vermeintlich »alles nur zufliegt«.

Was ist nun diese energetische Lebensaufgabe? Was enthält sie?

Auch hier ist dieser Vertrag zunächst einmal »nur« Energie. Am Ende des Buches wird klarer werden, aus welchem Stoff dieser Vertrag besteht. Nur eines im Voraus: Wenn wir den Vertrag wieder finden und danach leben, dann leben wir wirklich glücklich, paradiesisch.

Das ist auch der Grund, warum wir oft so unzufrieden sind. Tief in uns schlummert eine paradiesische Vorstellung vom Leben: unsere Träume. Träume, die wir alle als Kinder gehabt haben und die mit steigendem Alter abstumpfen und immer wieder durch einen nüchternen Realitätsabgleich zerstört werden. Es sind Träume von einem besseren Leben, von der großen Liebe, von Fülle, von Reichtum in allen Lebensbereichen.

Das ist auch der Grund, warum wir immer weiter suchen.

Unser Weg des Findens liegt darin, dass wir meinen, im Außen etwas verändern zu müssen (Partnerschaft, Beruf, Wohnort usw.), um uns im Inneren besser zu fühlen. Jeder weiß, dass dieser Weg sehr schwierig ist, und oftmals bekommen wir genau das zurück, was uns schon vorher schwer zu schaffen gemacht hat: Wie oft wechseln Menschen ihre Jobs und erleben den Wechsel, nach einer Zeit der Euphorie, als eher schockierend. Bei Partnern ist es oft genauso. Man wechselt den Partner, aber nicht das energetische Muster. Man geht mit den gleichen Problemen die nächste Beziehung ein, ja, man zieht oft den gleichen Typ Partner an. Meistens stehen wir nach einer gewissen Zeit wieder vor denselben Problemen, und wer es sich eingesteht, wird sagen: »Im Grunde genommen war ich nur auf der Flucht.« Weil wir nur äußerlich etwas verändert, aber nicht an dem wahren Thema gearbeitet haben.

Wovor flüchten wir?

Jeder Mensch hat ein Thema. Mindestens eins. Das können physische Symptome wie chronische Rückenschmerzen sein. Das können Ängste, Phobien, Neid, Schlaflosigkeit, Traurigkeit, Depressionen, Symptome auf allen Ebenen in höchster Mannigfaltigkeit sein.

Oft sind es auch ganz eklatante existenzielle Dinge wie die Umgebung und die Umstände, die unser Dasein bestimmen können. Was heißt »oft« – immer! Das Innere manifestiert sich im Äußeren, niemals umgekehrt.

Wir meinen aber immer, wir werden von unserer Umgebung bestimmt und von den Faktoren, die dort vorherrschen.

Es ist genau umgekehrt.

Wenn wir etwas in uns ändern, wenn wir wirklich unsere Wunden heilen, dann ändert sich auch der ganze Rest, unsere Umgebung. Wenn wir den Weg weitergehen, dann finden wir unser wahres Glück.

Die Themen sind es, vor denen wir flüchten.

Veränderungen geschehen nicht im Kopf

In meiner Praxis entdeckte ich immer mehr den Zusammenhang zwischen der Stärke von Problemen und dem Verfehlen des eigenen Lebensweges, des Traums, der Berufung, der eigenen Bestimmung.

Gerade jene Leute fühlen sich körperlich und mental besonders unwohl, die eine Beziehung führen, die ihnen nicht gut tut, einen Job haben, der unzufrieden macht, wohnen, wo sie besser nicht wohnen sollten, Dinge tun, die sie besser nicht tun sollten.

Das ist logisch, denkt nun jeder. Und die Lösung ist sehr einfach: Dann beschließen wir doch einfach, etwas zu verändern, uns zu ändern! Wir geben das Rauchen auf, trennen uns vom Partner, suchen uns einen anderen Job und meiden einfach die Dinge, die uns nicht guttun.

Das Problem ist: So funktioniert das nicht. Vielmehr: Solche Entschlüsse funktionieren allenfalls ein, zwei Tage, vielleicht sogar ein paar Wochen, aber niemals in letzter Konsequenz. Es gibt nur sehr wenige Menschen, die es schaffen, durch eine im Kopf getroffene Entscheidung das innere Gefühl – und die zugrunde liegende Energie – zu verändern.

Ein ganz hartgesottener Kandidat ist einer meiner besten Freunde, der von heute auf morgen »vom Kopf« her mit dem Rauchen aufgehört hat. Das funktioniert noch heute, aber dennoch erzählt er mir jedes Mal, wie gerne er doch eine Zigarette rauchen würde. Das Suchtgefühl, die zugrunde liegende Energie, ist also geblieben. Das »kopfmäßige« Aufhören hat also die Sucht nicht geheilt, und das Verlangen bleibt und verschiebt sich in andere Bereiche.

Mit dem Kopf geht also gar nichts. Des Übels Wurzel liegt in einer tiefen energetischen Störung. Und diese Störung ist es, die uns den immer gleichen Partnertyp beschert, mit dem eine Beziehung nicht funktioniert, immer den gleichen Typ von Kollegen treffen lässt, uns weiter rauchen lässt, uns immer die gleichen ungesunden Lebensumstände bringt. Denn wir »ziehen« quasi das an, was in unserem Energiefeld gespeichert ist, so wie der Magnet die Eisenspäne. Unsere nicht behandelten, tiefen Wunden sind es, die immer wieder nach Manifestation im Außen schreien. Und genau das hält uns auch von dem Leben unserer Bestimmung ab. So lange, bis wir die Wunden in Quellen der Kraft verwandeln – dann aber verändert sich das ganze Leben. Ganz von selbst. Und durch das Gesetz der Resonanz ziehen wir nur das an, was uns wirklich gut tut. So einfach ist das.

El mundo energético tres

Obwohl niemand von meinen Freunden anrief, wusste ich, dass sie geheilt werden würden. Ich wusste instinktiv, dass die Rückenbeschwerden, Atemprobleme, Juckreize, Schlafstörungen und die Müdigkeit verschwinden würden.

Als ich alle zweimal behandelt hatte, hatte ich erst einmal keine Sitzungstermine mehr.

Vier Wochen waren nach der letzten Behandlung nun verstrichen. Keine Rückmeldung. Das konnte nicht sein, ich zweifelte an mir selbst. »Das war's wohl«, dachte ich damals. Das war die Geschichte der Miniheilerpraxis von Martin Brune.

Ich rief meine Freunde nicht an. Ich hatte zu viel Angst vor einer Schlappe. Innerlich versuchte ich die Sitzungen zu vergessen, was mir durch die intensive Arbeit in meinen Firmen auch gelang.

Bis an einem Freitag ein »Heiko« anrief.

Er sei auf Empfehlung von Uwe an meine Nummer gekommen. Der wäre wohl wegen Rückenschmerzen bei mir gewesen. Uwe könne zwar nicht mit Sicherheit sagen, dass das Verschwinden der Rückenschmerzen an mir gelegen habe, aber auf jeden Fall hätten die Schmerzen seitdem aufgehört. Ob er nicht auch mal so einen Termin haben könnte, er sei nämlich im gleichen Tennisverein.

Ich war sprachlos. Unglaublich sprachlos. Da will jemand mit Martin Brune, dem Firmenbesitzer und Ingenieur, einen Termin zur Heilsitzung. Und dann auch noch jemand Fremdes?

Das Glück findet uns

Die meisten von uns sind klassische Bestimmungsverweigerer. Dabei kennt jeder seine »Bestimmung«: Man hat im tiefsten Inneren eine konkrete Idee davon, wie man am liebsten leben würde. Dazu kann man eine einfache Übung durchführen:

Schließen Sie die Augen und fragen Sie sich selbst, wie Sie am liebsten leben würden. Wo soll das sein? Wer / welche Personen wären da? Wäre das ein Leben in Fülle? Wie würde ich meine Partnerschaft leben? In welcher Stadt? Welcher Job würde mich erfüllen?

Diese simple Übung zeigt uns den großen Unterschied zwischen dem, was wir leben (die Realität), und dem, was wir in einer Traumvorstellung sehen. Für den ein oder anderen kann das schon ziemlich enttäuschend sein, denn der Unterschied ist oft gewaltig. Aber genau das, was wir sehen, wenn wir uns diese einfachen Fragen stellen, ist der Zustand, in dem wir am gesündesten und glücklichsten wären.

An Themen und Talenten vorbeileben

Ich selbst wollte schon früher mit zwölf Jahren Psychologie studieren. Ich fand es interessant, mit Menschen zu arbeiten, tiefe

Gespräche zu führen und ihnen zu helfen. Studiert habe ich aber Elektrotechnik, da ich, getrieben von meiner Erziehung, mehr an Sicherheit dachte.

Es gab Zeichen, viele Zeichen, nicht den Weg der Sicherheit zu gehen, aber ich lehnte alle großzügigen Zeichen und Wunder des Lebens, all die Chancen ab, bis ich irgendwann sehr krank wurde.

Ich war als Unternehmer sehr erfolgreich, hatte ein sehr männliches Weltbild, was heißen soll, dass ich schon Männer, die Yoga machten, als sehr »seicht« und als komisch empfand. Ich war ein Ritter, der trotz blutüberströmtem Gesicht tapfer weiter in Richtung Erfolg ritt. Immer geradeaus in die Lanze des Gegners, immer meine wahren Talente ignorierend.

Und glauben Sie mir, ich war so weit weg von meinen Talenten, ich hatte so stark den Glauben an mich selbst verloren, ich hätte jedenfalls niemals im Leben geglaubt, dass ich eines Tages als Energieseher arbeiten würde.

Energie: Der Weg zur Bestimmung

In welcher Form auch immer, jedem begegnen mehrmals im Leben Zeichen. Es sind oft Vorzeichen. Da wir aber unglaubliche Kopfmenschen sind, schaffen wir es immer, vor ihnen wegzurennen.

Die Literatur ist voll von Selbsterfahrungsromanen, in denen die Autoren ihren schweren Weg beschreiben und dann ihre Berufung gefunden haben.

In der Tat: Kennen Sie jemanden, der noch im Krankenhausbett beschließt, in Zukunft 60 Stunden statt 50 Stunden pro Woche im Büro zu arbeiten? Diejenigen, die Glück haben und beispielsweise einen Herzinfarkt überleben, ändern umgehend ihr Leben.

Sie merken, dass alte Ideale und Werte auf einmal vollkommen sinnlos werden. Das sind die berühmten Geschichten á la »vom Vorstand zum Bauernhofbesitzer«.

Es muss also eine fundamentale Veränderung eintreten. Aber um unsere Bestimmung zu finden, brauchen wir eigentlich nichts zu tun. Sie findet uns, sobald wir energetisch gereinigt sind. So oder so, ganz automatisch, jeden. Wenn wir nicht »rein« werden, kann der Weg dorthin sehr beschwerlich, schmerzlich, zu spät sein oder in diesem Leben gar nicht angetreten werden.

Nicht jeder muss seine Bestimmung, so wie ich, erst durch eine schweres Problem finden. Es gibt Tools und Techniken, die man lernen kann, um die Bestimmung ohne schwere Krankheit UND in diesem Leben zu finden. Die alten Mysterienschulen kannten dieses Wissen. In der Energieschule lernen Teilnehmer Energietechniken, um ihre Bestimmung zu entdecken und auch zu erleben – in diesem Leben. Im Visionskurs lernt man, seine Träume zu »manifestieren«, also im wahren Leben zu verwirklichen. Und, glauben Sie mir – es könnte sich herausstellen, dass der Grund für Ihr Sein auf der Erde durch Ihr Büroschild nur sehr unzureichend gekennzeichnet ist.

El mundo energético quatro

Heiko wurde ebenfalls in seinen »Themen« geheilt. Er war es auch, der mich etwa zehn neuen Klienten empfahl. Meine Behandlungen schienen sich herumzusprechen. Mir war immer noch nicht geheuer dabei. Dabei hatte mittlerweile jedes Tun im Energiefeld des Klienten eine unmittelbare Reaktion zur Folge. Ich lernte. Ich lernte mit jedem Klienten mehr, und ich kam mir vor wie ein Zauberer, der sich zwischen den Welten bewegen konnte. Energetische Schwerter wurden herausgezogen, und die Rückenschmerzen verschwanden. Eisenkugeln wurden entfernt, und die Gastritis war weg. Glassplitter wurden »energetisch« herausgezogen, und das Asthma verflüchtigte sich.

Ich hatte niemanden, mit dem ich darüber reden konnte. Ich war vollkommen alleine damit. In Deutschland gab es meines Wissens niemanden, der so arbeitete wie ich. Ich kämpfte nicht nur gegen das dunkle Licht der Klienten, sondern auch gegen mich. Gegen meine eigene Skepsis. Es war eine Zeit des eigenen Umbruchs.

Nach etwa drei Monaten reichten die Wochenenden nicht mehr aus. Ich musste den Freitag als Behandlungstag hinzunehmen. Ich entschloss mich, jeden zweiten Freitag zu behandeln – das war mit der restlichen Arbeit in meinen Firmen zu vereinbaren.

»Der Energieseher ist ein Mittler zwischen den Welten«, hatte ich mal in einem Buch gelesen. Mittler zwischen der realen, manifestierten Welt und der unsichtbaren Welt der Spirits, der Energie.

Genau so kam ich mir vor. Wie ein Lichtkrieger, der durch das Herausziehen von energetischen Symbolen und Objekten Probleme lindern konnte. Und ich wurde besser.

ENERGIE, STÖRUNGEN, HEILUNG und VERBINDUNG

Was ist Energie?

Was hält uns also auf, unser Glück zu leben – und zwar jetzt und nicht irgendwann? Die Antwort ist ganz einfach: Es sind die energetischen Verschmutzungen, die inneren Dramen, Erlebnisse aus unserer Vergangenheit in diesem und in vorherigen Leben, die immer nach erneuter Manifestation in unserem Lebensalltag suchen. Wenn wir energetisch rein sind, dann leben wir in der Bestimmung. Denn dann ziehen wir nur »Reines« an.

Das Bild, das unserem Leben entspricht, ist das Bild eines Flusses, der irgendwo in den Bergen entspringt, erst einmal fließt, dann auf die ersten Hindernisse trifft, auf die ersten großen Steine, die die Flussrichtung umlenken, so dass der Fluss ganze Gebiete überschwemmt und nicht das ersehnte Meer (die Bestimmung) erreicht. So kann man den Energiehaushalt, und damit im übertragenen Sinn das Leben eines Menschen, beschreiben.

Die energiemedizinische Arbeit besteht darin, die Felsbrocken, die Unreinheiten in unserem Energiesystem ganz einfach zu löschen.

Das geschieht nicht in einem langwierigen psychoanalytischen Prozess, mit Körperarbeit oder gar Medikamenten, sondern sehr schnell: Mit Hilfe der seherischen Fähigkeiten eines Energiesehers. Eines Energiesehers, der diese Brocken in einigen wenigen Behandlungen einfach wegräumt, die Schatten im Energiefeld einfach löscht.

Die Betonung liegt auf »schnell« und »einfach«. Wenn Teilnehmer zum ersten Mal den Basiskurs der Energieschule besuchen, teilen sie die Begeisterung darüber, wie schnell selbst die schwersten Probleme innerhalb weniger Minuten verschwinden können.

Diesen Vorgang bezeichne ich in meiner Energieschule als »Clearing Prozess«, als »Löschen« von schwarzen Flecken, von Traumata im leuchtenden Energiefeld.

Körper, Seele, Geist und … Energie

Jeder kennt die Zuordnung unserer Wahrnehmungszustände in die Kategorien Körper, Seele, Geist. Einfach ausgesprochen, lässt sich der Zustand eines Menschen in diese drei Teile »zerlegen« und durch sie beschreiben. Jeder kann selbst auf diese drei Zustände schauen. Wenn wir uns fragen, wie es uns gerade geht, dann machen wir eine »Abfrage« auf diese drei Ebenen und bekommen ein Ergebnis: Mein Körper fühlt sich zum Beispiel müde an (Körper), ich fühle mich vielleicht frustriert (Seele) und darüber denke ich nach (Geist).

Doch die Ebene, die vergessen wird, ist die Ebene der Energie. Genau diese Ebene ist die Quelle allen Übels im Fluss des Lebens. Es ist nicht der Körper, nicht der Geist, nicht die Seele, sondern eine »Störung« der Energie, die uns über ein Symptom nachdenken (Geist), ein Unwohlsein (seelisch) erleben und schließlich ein Problem (im Körper) spüren lässt.

Um es noch einmal klar zu machen: Der Grund für ein körperliches Problem ist nicht der Körper. Der Grund für ein seelisches, psychisches Problem ist nicht die Seele. Der Grund für ewige Grübelei ist nicht der Geist. Der Grund ist immer in einer Störung unserer Energie zu finden.

Was ist nun diese Energie? Was ist das, wovon alle Geistschulen, Yogarichtungen, Energie- und Mysterienschulen berichten? Wie kann man sich Energie vorstellen? Bevor wir von »Licht« reden, sollten wir vielleicht erst einmal von den dunklen Energien, den Energiestörungen reden: den »dunklen Flecken«.

El mundo energético cinco

Auch mit steigender Zahl der Behandlungen – und ich behandelte mittlerweile nun jeden Abend der Woche – fühlte ich mich mit all dem unsicher und sehr einsam.

Hier war niemand, mit dem ich darüber sprechen konnte. Ich glaubte an das, was ich tat. Dennoch hatte ich immer noch Zweifel, und weit und breit war kein Mensch, der sie mir nehmen konnte.

Die Zweifel hatten nur etwas mit mir selbst zu tun. Latent steckte eine Angst darunter, irgendwann selbst die Bodenhaftung zu verlieren, total wahnsinnig zu werden.

Bilderflut. Ich hatte bis jetzt 200 Sitzungen absolviert. Ich hatte Rückmeldungen von Heilungserfolgen, dass einem die Haare zu Berge standen. Allergien verschwunden, Asthma »wie weggeblasen«, keine Alpträume mehr, keine Zukunftsangst, Flugzeugpanik verschwunden, lange Mails über die positiven Veränderungen der Lebensumstände der Klienten. Über 150 Mails über Verbesserungen, riesige Schritte, die Klienten gemacht haben, und überall stand drunter »Danke, Martin«.

Selbstzweifel hatte ich immer noch. Um Himmels Willen, dachte ich, hier steht doch überall, dass das, was du machst, Gutes bewirkt.

Es war ein Sonntag im Frühjahr, ich zündete ein paar Teelichter an und schloss die Augen. Still ist es hier, dachte ich. Für eine Großstadt ungewöhnlich still. Es war dunkel. Es tut gut manchmal gut, einfach die Augen zu schließen. Dabei erinnerte ich mich an eine Geste, die Don Francisco beim Abschied damals machte. Er zeigte nach oben in den Himmel und sagte so was wie: »Hatun Chasca« – und das sagte er mehrmals. »Hatun Chasca« – oder so ähnlich.

In meiner Vorstellung sah ich nun Don Francisco, besser seinen Zeigefinger, der zum Himmel zeigte. Ich sah einen Lichtstrahl, der durch die Decke, durch das Dach des Hauses, an den Bäumen vorbei, in den Himmel, durch die Wolken, in die Sterne reichte. Ich folgte diesem Lichtstrahl, der kein Ende zu nehmen schien, durch die Sterne, am Mond vorbei, immer weiter.

Ich öffnete die Augen. Der Behandlungsraum lag im Dunkeln. Die Nachbarn kochen da drüben, stellte ich fest. Ich schloss die Augen wieder. Die Lichtreise ging weiter. Bis zu einer Tür, einer Tür aus Licht. Was um Himmels Willen war das? Ich kam nicht weiter. Der Lichtstrahl schien hier zu enden.

»Alles nur Einbildung, Du hattest schon als Kind viel Fantasie«, dachte ich, öffnete die Augen und machte mir erst einmal einen Tee.

Chakren und dunkle Flecken

Was passiert nun in diesen Energiefeldern?

Nach den Aussagen vieler Mysterienschulen trägt das Wissen um unsere psychischen und physischen Probleme nicht das Erinnerungsvermögen des Gehirns oder des Körpers, sondern des Lichtkörpers. Das ist neu, aber auch alt, wie man will. Dieses Wissen war vor tausenden von Jahren auch Bestandteil unserer Kultur – nur ist es in Vergessenheit geraten. Heute denken wir, jedes Trauma, jede Erinnerung wäre im Gehirn und damit im Kopf gespeichert.

Der Mensch besteht aber nicht nur aus einem physischen Körper, sondern auch aus einem energetischen, einem Lichtkörper. Dieser Lichtkörper besteht grob aus neun Unterteilungen, Energiezentren, den so genannten Chakren (Das Wort »Chakra« kommt aus dem Sanskrit und bedeutet »drehendes Rad«).

Nehmen wir mal eine psychoanalytische Behandlung durch einen Analytiker, so wie ich sie hunderte Male erlebte. Die Sitzung beginnt meist damit, dass der Analytiker fragt, wie es einem geht. Vielleicht geht es körperlich zur Zeit nicht so gut, man fühlt sich schwach, und die Motivation ist auch auf einem Tiefststand. Dem Analytiker fällt dann beispielsweise auf, dass es die Verbindung »körperliche Schwäche« und »schlechte Motivation« in einer bestimmten Situation schon einmal gegeben hat, und er steigt quasi in diese vergangene Situation ein. Auf einmal befindet man sich während des Gesprächs in einem Thema aus der Vergangenheit. Man redet darüber, alte Gefühle kommen hoch, der körperliche Schmerz verstärkt sich oder wird kurzzeitig schwächer.

Natürlich ist das ein sehr vereinfachtes Beispiel, aber es zeigt, dass man sich während dieser Therapien durch die drei Ebenen Körper, Seele, Geist bewegt. Therapien können unter Umständen jahrelang dauern, ohne die wahre Quelle des Problems zu finden: die Energiestörung. Die wahre Quelle des Problems liegt im leuchtenden Energiefeld des Klienten – in den einzelnen Chakren. Die Traumata und Probleme »stecken« quasi im Lichtfeld des Klienten, welches den physischen Körper umhüllt. Dunkle Flecken sind, einfach ausgedrückt, die Traumata, die Energiestörungen, die ein Symptom, psychisch, physisch oder beides, auslösen. Wenn alle Flecken entfernt sind, dann ist das Chakra »sauber« und der Klient/Patient ist ohne Symptome, er ist gesund.

Was steckt nun in solch einem dunklen Fleck?

Zunächst steckt in solch einem Fleck erst einmal Information, auch wiederum in Form von Energie. Wenn wir uns an die Geschichte von Elenor am Anfang des Buches erinnern, dann steckt hier die gesamte Szenerie, bestehend aus dem Condor, der Landschaft, der Frau, dem Boot und dem brennenden Haus. Nicht nur die Bilder stecken in diesem schwarzen Fleck, also in der Energiestörung, sondern auch die Dramatik, die Ängste, das Leiden, die Kälte des Bildes. Die Dramatik dieser Bilder, die Gefühle, die »unter« diesen

Bildern liegen, sind exakt die, die auch der Klient im »wahren« Leben spürt. Das bedeutet: Die Energiestörung, der schwarze Fleck, ist irgendwann einmal in unser Energiefeld eingedrungen und informiert permanent unsere gesamten Wahrnehmungszustände: den Level der Seele, des Geistes und des Körpers.

Wenn wir nun im wahren Leben in bestimmten Situationen Angst spüren, dann macht unser Geist schon den ersten Fehler: Wir denken, die Situation ist der Grund der Angst. Aber die Situation hat im Grunde nur einen schwarzen Fleck in unserem Energiefeld aktiviert – mit all seinen Gefühlen, mit all seiner Dramatik.

Die Situation ist also nur Auslöser für etwas, welches tief in uns als Energiestörung schlummert.

Die Teilnehmer, die bei mir in der Energieschule das Sehen von Energien lernen, können quasi die Geschichte sehen, die hinter solch einem Fleck steckt. Sie können die Energie der Verunreinigung, des dunklen Flecks, sehen und entschlüsseln.

Sobald ein Fleck sichtbar geworden ist, kann der Energieseher dem Klienten helfen ihn zu verändern. Das geschieht durch die Intention. Der Energieseher »nimmt« durch die Intention den schwarzen Fleck aus dem Chakra, also aus dem Lichtkörper des Klienten, und das Symptom verschwindet, da die Quelle der Energiestörung entfernt wurde.

Was anstelle des dunklen Fleckens tritt, ist Licht. Pures, reines Licht. Einfach, nicht? Sie glauben leider kein Wort, nicht wahr? Ich gebe zu, wir sind es gewohnt, uns alles erarbeiten zu müssen, und hinter allem muss immer eine Leistung stehen. Die Natur hat einen komplizierten energetischen Prozess gar nicht vorgesehen! Veränderung können unglaublich schnell geschehen. So erlebe ich es tagtäglich in meiner Praxis und in meinem Institut.

Wenn Sie sich bei der Hausarbeit eine kleine Wunde zuziehen, haben Sie schon einmal beobachtet, wie lange es dauert, bis das

Blut gerinnt und eine Kruste entsteht? Drei Stunden, zwei Stunden, eine Stunde, zwanzig Minuten, fünf Minuten, eine Minute? Wahrscheinlich noch nicht einmal dreißig Sekunden. Und das ist mit allen Wunden gleich: egal ob psychisch oder physisch. Das hängt von der Größe der Wunde ab, werden einige sagen: Ja, es stimmt ... je größer eine Wunde, desto größer ist die zugrunde liegende Energiestörung. Und wenn diese Störung verschwindet, dann können auch selbst die größten Symptome verschwinden.

El mundo energético seis

Obwohl ich mir sicher war, nur zu phantasieren, schloss ich die Augen, reiste erneut entlang des Lichtstrahls zu den Sternen, am Mond vorbei, zu der Tür und versuchte nun die Tür zu öffnen.

Sie bestand aus Licht. Aus purem Licht. Ich habe noch nie etwas so unglaublich Großes gesehen. Links und rechts um die Tür herum standen riesige Bäume und Pflanzen, die ein unglaubliches Lichtgemäuer verhüllten. Alles bestand aus Licht. Mal war das Licht grünlich, mal war es hell, mal ein wenig dunkler, gerade so, dass man Pflanzen, Bäume, Steine, Gemäuer und die Tür erkennen konnte. Nichts war wirklich transparent, man konnte also nicht durchschauen. Aber so richtig fest wie in unserer Welt waren die Gegenstände auch nicht. Das Licht war dort oben anders. Es war schöner. Es fühlte sich besser an. Es war warm.

Neugierig, wie ich war, versuchte ich die Tür aufzustoßen. Sie ging aber nicht auf, sie ließ sich einfach nicht öffnen. »Llamas al espírtu y el espíritu responde, el espíritu te llama y tu respondes«. »Du rufst den Spirit, und der Spirit antwortet. Der Spirit ruft dich, und du antwortest.« Das fiel mir plötzlich ein.

Ich bat also um Hilfe. Ich weiß selbst nicht mehr wie, aber ich bat darum, dass doch jemand kommen soll, um mir zu helfen, mir

Einlass zu gewähren. Und dann erschien etwas Bewegliches, eine Art Geistwesen – er hatte ein Gesicht wie Don Humberto.

»Frage immer den Spirit um Erlaubnis«, sagte er, als er mich sah und schließlich die Tür öffnete. »Frage immer um Erlaubnis«. Das war anscheinend die erste Lektion, die ich zu lernen hatte.

Besserung zwischen den Welten

Wir müssen also zu einem Energieseher gehen, wenn wir nicht die Symptome, sondern die Ursachen entfernen wollen. Wir gehen zu einem »Zauberer zwischen den Welten«. Der Energieseher ist ein Meister in der Bewegung zwischen der Welt des Körpers, der Seele, des Geistes und der unsichtbaren Welt, der Welt der Energie. Diese unsichtbare Welt zeigt sich dem Energieseher als sehr skurril, wie in der Eingangsgeschichte durch die sehr romanartige und mystische Beschreibung erzählt.

Lassen Sie uns noch einmal auf die verschiedenen Wahrnehmungszustände und die Ebenen Körper, Seele, Geist zurückkommen. Diese sind nun mit der Ebene der Energie vervollständigt.

Dabei funktioniert der Heilungsprozess durch Kommunikation dieser Ebenen: Eine Änderung an der Quelle, auf der Ebene der Energie, sprich ein Herausnehmen der schwarzen Flecken, informiert den seelischen Bereich, der seelische Bereich den geistigen und der geistige Bereich informiert dann den körperlichen Bereich. Deswegen können Erscheinungen wie Flugangst (Seele) schon nach einer Sitzung vollständig verschwinden und ein heftiger Rückenschmerz (Körper) erst nach einer Woche. Denn die Änderung der Energie, die ja die Quelle des Rückenschmerzes ist, muss sich erst über die Seele zum Geist bis hin zum Körper »durchsprechen«.

Zwischen den einzelnen Ebenen Körper, Seele, Geist und Energie kann es also ein wenig Zeit dauern, bis sich die geheilte Energie in andere Zustände überträgt und manifestiert, also in einem Verschwinden des Symptoms sichtbar und vor allen Dingen »erlebbar« wird.

Der Energieseher bewegt sich zwischen den Welten von Körper, Seele und Geist – und der Welt der Energie.

Um die Einfachheit dieser Energietechnik zu verstehen, müssen wir also nur lernen und akzeptieren, dass die Quelle unserer Probleme immer eine Energiestörung ist und dass es die Welt der Energie überhaupt gibt! Energiestörungen aber lassen sich nicht mit dem Kopf entfernen.

Elka

Ich habe heute zehn Sitzungen. Elka ist um fünf Uhr gekommen und sagt, sie würde gerne wissen, was ihre Mission im Leben ist. Ihr Thema: Ständige Nervosität sind Begleiter ihres Lebens, und außerdem vermutet sie, dass in ihrem Familienstammbaum etwas mit ihrer Oma passiert sein muss und dass sie deswegen solche Probleme hat. Sie hatte nie Kontakt zu ihrer Großmutter – und sie würde sich wünschen, mit ihr Kontakt aufnehmen zu können, und ob sie das lernen kann …

»Puh! Das ist viel«, sage ich. »Da mischt sich einiges. Zunächst ist es so, dass deine Mission oder deine Bestimmung dich eigentlich von selbst findet, wenn die Energie frei fließen kann. Das, was uns alle von der Findung unserer Bestimmung abhält, ist unsere energische Verschmutzung. Mit deiner verstorbenen Großmutter zu sprechen, kann man lernen. Man kann lernen, Kontakt zu den Ahnen aufzubauen. Ich könnte für dich mit dem Geist deiner Großmutter sprechen, aber mit dem Wissen darüber, was einmal vor Jahrzehnten passiert ist, wirst du nicht geheilt. Wichtig ist, dass wir uns anschauen, was deine Missionssuche mit dir ‚macht'. Was veranstaltet sie mit dir? Ich meine, woher kommt der Wunsch, deine Bestimmung zu kennen? Bist du unsicher im

Leben? Was macht dein Leben zur Zeit mit dir? Wie fühlst du dich?«

»Traurig. Das Leben macht mich traurig«, sagt Elka.

Elka kommt mit einem Thema und, wie viele andere auch, bereits mit einer kognitiven Lösung in der Tasche. Die kognitive Lösung, die auf dem Mechanismus des Geistes beruht, ändert aber nicht das Grundgefühl der Traurigkeit. Die Seele sagt ihr, sie müsse ihre Mission oder ihre Bestimmung kennen, dann würde es ihr besser gehen. Der Geist empfiehlt ihr sogar, mehr in der Vergangenheit (die Großmutter) zu schauen und zu grübeln – denn wenn sie wüsste, was damals geschehen ist, dann könnte sie ihr Problem lösen.

Daran sieht man, wie kompliziert der Geist sich etwas »drum herum« baut, um das Grundgefühl der Traurigkeit, die man spürt, zu ändern.

Viele Menschen wollen ihr Leben ändern und setzen an der falschen Stelle an.

Viele ändern im Außen, ziehen sogar von einem Ort in den anderen, wechseln ihre Jobs, wechseln ihre Partner. Und die Probleme oder Schmerzen bleiben.

Die Traurigkeit ist das, mit dem der Energieseher arbeitet, weil die Traurigkeit, das tiefe Gefühl, der Ebene der Energie am nächsten ist. Die Traurigkeit ist das Thema, nicht die Missionssuche, nicht die Vergangenheit der Großmutter. Die Traurigkeit ist quasi das Sprungbrett, von dem der Energieseher in die unsichtbare Welt der Energie »springt«, um zu erkunden, welche Energiestörung dieses Gefühl produziert.

Der Prozess besteht immer darin die Wunde, in diesem Falle die Traurigkeit, in eine Quelle der Kraft zu verwandeln. Wenn die Traurigkeit (schwere Energie) gelöscht ist, kann nur Fröhlichkeit (leichte Energie, Licht) nachkommen. Die Aufgabe besteht also darin, tief in die Wunden zu schauen und die Wunden verwandeln zu lassen. Dazu gehört sehr viel Mut, denn wir müssen »direkt« in das Problem »hineinschauen«, auch wenn es Angst macht.

Uwe

Uwe hat ein rein körperliches Problem, sagt er. Seine Knie schmerzen, vor allem morgens.

»Hast du vielleicht eine, sagen wir, übergeordnete Idee zu dem Knieproblem?«, frage ich.

»Übergeordnet?«, fragt Uwe und runzelt die Stirn.

»Ja, es könnte ja sein, dass du zu viel Stress hast … oder zumindest das Gefühl …«

»Stress hat man immer, oder?«, sagt Uwe abwehrend.

Für Uwe ist Stress also normal, die körperlichen Symptome aber nicht. Das Beispiel mit Uwe zeigt, wie getrennt wir von uns selbst leben können.

Mit dem Vorgespräch führe ich den Klienten oft von einem rein körperlichen Thema, von der körperlichen Ebene, zu einer Idee einer etwas tieferen Ebene. Denn das körperliche Symptom ist immer eine Manifestation von Energiestörungen in tieferen Ebenen. Ein Knieschmerz kann ein schon lange verdrängtes Beziehungsproblem als Quelle haben. Denn die Quelle ALLER Symptome ist die Störung der Energie.

Noch einmal (und ich werde mich noch öfter wiederholen): Der Grund für ein körperliches Problem ist nicht der Körper. Der Grund für ein seelisches, psychisches Problem ist nicht die Seele. Der Grund für die ewige Grübelei ist nicht der Geist. Der Grund ist immer in einer Störung unserer Energie zu finden.

Deswegen ist dem Energieseher auch das Problem »an sich« nicht wichtig, weil das Problem »an sich« letztendlich nur eine Auswirkung der Energiestörung und der »Einstieg« ist, von dem der Energieseher die Reise zur Ebene der Energie vornimmt.

Franka

Es ist Montag, elf Uhr. Ich bekomme einen Anruf zur Fernheilung von Franka aus Wien.

»Ich bin total aufgeregt!«, sagt sie.

»Das ist normal. Die meisten, die zum ersten Mal zu mir kommen sind es, weil die Form der Behandlung neu ist«, sage ich.

»Ja, aber bei mir ist es besonders schlimm. Ich weiß einfach nicht, wer ich bin.«

»Ach so, das ist der Grund. Wer du bist … was meinst du damit?«

»Na, ich habe in meinem Leben schon über 30 Mal den Job gewechselt. Ein Job war schlimmer als der andere, und jetzt bin ich wieder arbeitslos. Nicht, dass es in Wien keine Jobs gäbe, aber ich fühle mich immer so schlecht bei diesen Jobs.

Früher, ja, da hatte ich noch Träume, Vorstellungen darüber, was ich einmal machen möchte, aber jetzt ist selbst das nicht mehr da. Kein Traum – keine Vorstellung. Ich dachte immer, das sei normal, überhaupt, was ist schon normal. Anderen geht's damit wahrscheinlich besser. Nur ich bin verrückt. Irgendwie bin ich so dazwischen. Und …«

»Stop, stop, Franka, das geht mir aber zu schnell … was macht das denn alles mit dir? Ich meine, wie fühlst du dich damit? Vielleicht unter Druck gesetzt, hilflos oder depressiv?«

»Wie fühle ich mich damit …«, wiederholt sie, schweigt und denkt weiter. »Nichts!«, sagt sie.

»Wie … nichts?!«, sage ich.

»Das ist auch eines meiner Probleme … ich fühle einfach nichts. Selbst das kann ich nicht …«, sagt sie.

»Ja, aber spürst du etwas im Körper?«, frage ich nach Symptomen quasi bettelnd.

»Im Körper? Ja, mit dem Magen ist es nicht so gut, ich habe oft Kopfschmerzen, ein ‚Ziehen' in der Brust, das habe ich aber schon lange«, zählt sie auf.

Im Laufe der Behandlung wurde eine tiefe Traurigkeit, verbunden mit einer Angst, im Leben zu scheitern, tatsächlicher Grund für ihr ständiges Wechseln von Jobs gefunden. Wenn die Aufgaben groß wurden, flüchtete sie.

Es ist immer wieder interessant, welche Gedankenkonstrukte der Geist herstellt, um den Grund unserer Probleme zu analysieren und festzumachen: Meistens sind es die anderen Menschen, die an unserer Misere Schuld sind. Mal ist es der Partner, dann die Mutter, der Vater, die Arbeitskollegen, die Lebensumstände, das Haus, die Kinder, das nicht ausreichende Geld.

Durch die energetische Arbeit stelle ich immer mehr fest, dass etwa 90 Prozent aller Theorien über das »Warum« nicht stimmen. Wie eingangs schon erwähnt, ist der Geist nur ein bescheidenes Instrument, um emotionale, seelische oder gar körperliche Probleme zu lösen.

Denken bringt wirklich gar nichts.

Können wir uns selbst verändern?

Dies ist der Fragenklassiker in meinen Seminaren. Ja, wir können. Es ist wirklich möglich. Aber warum ist das nicht so einfach? Wieso können wir uns nicht einfach hinlegen, den Befehl »Selbstveränderung« oder besser »Bitte mache alles gut!« geben und einfach nur darauf warten?

Der Grund ist ganz einfach: Der Durchschnittsmensch gelangt nicht in die Tiefen seiner eigenen schweren Energiestörungen, um sie freizusetzen. Das ist der einzige Grund.

Ich weiß, dass es zur Zeit einen Trend dazu gibt, alles selbst zu tun, da das auch eher unserem idealen westlichen Selbstbild entspricht, alles alleine ohne die in Anspruchnahme eines anderen zu tun.

Es gibt zahlreiche Autoren, die »So helfe ich mir selbst« auch in ihren Buchtiteln propagieren. Alle Autoren haben eines gemeinsam: Sie haben aus dem Überwinden einer eigenen schweren Krankheit Techniken entwickelt, mit denen nun anderen geholfen werden soll.

Andere sind aber gar nicht so schwer krank, wie die Autoren es waren. Sie bewegten sich am Rande des Todes. Die meisten Autoren bewegten sich am Rande des Todes und es blieb ihnen »am Ende« nichts anderes mehr übrig, als selbst tief, sehr tief in die Energiestörung zu schauen, um sie dann letztendlich freizusetzen – das hat ihr Leben gerettet. Der Durchschnittsmensch, der nicht gerade kurz vor dem Tode steht, wird eine große, große Angst haben, seiner eigenen Dunkelheit zu begegnen.

Es nicht nötig, dass jeder Klient durch einen schweren Prozess gehen muss. Der Energieseher kann anstelle des Klienten in die dunklen Energiestörungen schauen und sie verändern, ohne dass der Klient den Schmerz selbst erleben oder gar »wiedererleben« muss.

Ein weiterer Grund, warum Selbsthilfetechniken schwierig sein können, besteht darin, dass wir oft gar nicht genau wissen oder herausfinden können, wo der Schuh drückt. Die meisten Klienten kommen mit einem eher schwammigen Gefühl, mit einem »Brei« von vielen Probleme gleichzeitig. Das ist die Realität. Wo sollen wir dann mit der Selbsthilfetechnik anfangen?

Ein Energieseher hilft dabei, erst einmal die gröbsten Steine aus dem Fluss unseres Lebens zu entfernen. Ich will das Werk anderer Autoren nicht schmälern, ihre Arbeit ist wundervoll, aber wenn Sie nicht weiter kommen, dann geben Sie nicht auf, sondern nehmen Sie Unterstützung in Anspruch! Wenn ein gewisser Reinigungsgrad Ihres Energiesystems erreicht ist, dann kann man immer noch mittels »Selbsthilfeprogramme« über die belastenden Restsymptome nachdenken.

Es ist eine solch tolle Erfahrung von jemandem Unterstützung in Anspruch zu nehmen. Und Unterstützung gibt es genug in der äußeren Welt – das besagt unter anderem das Naturgesetz der Fülle. Fangen Sie wieder an zu vertrauen – es wird sich lohnen.

El mundo energético siete

»Frage immer um Erlaubnis«: Diese Lektion hatte ich verstanden. Die Lichttür öffnete sich und ich sah einen großen, sehr großen Raum. Dieser Raum war an den Wänden mit wundervollen Steinen dekoriert. Es schienen Kristalle zu sein. Zuerst dachte ich, es sei eine Kirche, aber dann war es wieder einfach nur ein Raum mit schönem Wandschmuck aus Steinen.

Der Spirit führte mich durch den Raum zu einem Tisch, der in ein wunderschönes, warmes Licht eingehüllt war. Es gab nirgendwo Scheinwerfer oder vielleicht Kerzen. Das Licht war einfach da und umsäumte diesen Tisch – es machte ihn zu einem Lichttisch.

»Wie heißt du?«, fragte ich den Spirit

»Heute heiße ich Mavelino«, sagte der Spirit.

»Wieso – wie heißt du denn morgen?«

»Ich habe tausend Namen, denn das gesamte Wissen des Universums ist über unendlich viele Spirits verteilt«, sagte der Spirit.

Ich öffnete die Augen und sah durch das Fenster der Praxis wieder in die dunkle Kölner Nacht. Da war kein Spirit zu sehen – nur ein paar Lichter in den Fenstern der gegenüberliegenden Häuser. Ich rieb meine Augenlider, um zu überprüfen, ob ich das nicht alles träumte, und schloss wieder die Augen.

Auf einmal sah ich den Raum nicht mehr als Beobachter: Ich saß in dem Raum und der Spirit direkt vor mir! Mir lief der Angstschweiß den Nacken herunter. Ich öffnete die Augen. Der Praxisraum, die

Nachbarn, alles in Ordnung. Ich schloss die Augen wieder und sah den Spirit vor dem Tisch stehen.

»Und warum bist du gerade jetzt hier, Mavelino? Warum bin ich in dem Raum?«, fragte ich den Spirit. »Ich bin gerade hier, weil du gerade in diesem Moment Antworten brauchst, die ich dir liefern kann. An einem anderen Tag kann es sein, dass du andere Antworten brauchst, dann kommt ein anderer Spirit. Von mir sollst du lernen, ein guter Energieseher zu werden«, erwiderte er.

»Oh, ein guter Energieseher … ich habe aber eigentlich nur Angst, dass ich, wenn ich die Augen schließe, um schlafen zu gehen, immer diesen Raum sehe und das nicht abschalten kann. Ich habe keine Lust, wahnsinnig zu werden bei all dem Hokuspokus hier.« Mavelino kam auf mich zu und pustete mich an. Ich zuckte und meine Angst verschwand.

Ich öffnete die Augen. Drüben kochte jemand. Ich spürte ein heißes Brennen auf der Brust. »Martin, das musst du für immer für dich behalten«, sagte ich zu mir selbst. »Du bist doch kein durchgeknallter Esotyp«, und dachte an die anderen und sah sie mich schon auslachen und belächeln.

»Dann gehe einfach zurück durch die Tür, reise entlang des Lichtstrahls in deine Welt zurück. Wenn du wiederkommen willst, dann weißt du ja, wie es geht. Frage immer um Erlaubnis bei allem, was du tust. Ich bin geduldig, sehr geduldig. Ich bin nämlich schon seit Jahrhunderten hier, und auf die zwei, drei Tage kommt es auch nicht mehr an. Für uns existiert keine Linearität – keine ‚Zeit'. Ach übrigens … darf ich dir Daph vorstellen, eine wundervolle Schamanin aus unserer 5. Welt – der Welt der Spirits. Sie und ich werden dich bei den Heilungen in Zukunft unterstützen.«

Daph war wunderschön. Ich hatte noch nie eine so wunderschöne Frau gesehen. Sie bewegte sich wie ein Mädchen, hatte die Hände einer Mutter, lange helle Lichthaare bis zum Boden. Sie war einfach umwerfend.

»...ein unglaublicher Quatsch«, dachte ich, »totale Projektion – so eine wünschst du dir als Partnerin«, und ich lachte über meine eigene Naivität, öffnete die Augen, packte alle Sachen zusammen, verließ die Praxis, fuhr nach Hause und ging ins Bett.

Ich schloss die Augen, konnte aber nicht einschlafen, denn ich lag plötzlich in diesem Raum. Mavelino starrte mich an, so, als ob ich nach einem Boxkampf ausgezählt werden würde. Jetzt war es passiert. Jetzt war ich also endgültig durchgedreht. Dann ist es ja schon egal.

»Mavelino, was soll das?«, schaute ich den Spirit fragend an, und ich kam mir vor wie Don Camillo (aus dem Film »Don Camillo und Peppone«), der mit Gott spricht. ‚Gut, dass mich niemand hier sprechen hört', dachte ich weiter.

»Du fragst den Spirit, und der Spirit antwortet – so einfach ist das«, sagte er.

»Ja, aber wie kann ich das, was ich hier sehe, wieder ausschalten? Ich will schlafen!«

»Tritt die Rückreise an in deine Welt – und um Himmels Willen: Frage nicht so viel.« Frage nicht so viel, das kannte ich noch von den Queros. Die mochten auch keine Fragen.

Ich tat, wie mir geraten wurde, und reiste zurück durch die Tür, am Mond, an den Sternen entlang, durch die Wolken zurück auf diese Erde, hier in die Wohnung. Hatte ich neue Lehrer und Helfer gefunden? Quasi »virtuelle Lehrer«?

Das erzähle ich draußen nicht, dachte ich. Das glaubt dir niemand. Erst überrasche ich meine Freunde damit, dass ich ab sofort als Energieseher arbeite, dann habe ich auch noch Riesenerfolg damit und dann habe ich Kontakt zu Geistwesen, zu Spirits? Das würde dem Fass den Boden ausschlagen.

Das muss auch keiner wissen, dachte ich. Die Klienten interessiert doch nur, geheilt zu werden. »Kein Hokuspokus«, hatte mal ein

Freund gesagt. Wie Heilung geschieht, ist doch egal. Egal, dachte ich, »egal« ist das richtige Wort.

»Du fragst den Spirit und der Spirit antwortet«: Alles klar. Ich hatte wieder etwas gelernt.

Energieformen

Montag, 09 Uhr. 103 Mails, die ich alle lesen muss. Mein Co-Autor schreibt wieder: »Martin, Du schreibst so viel über Energie, das ist dem Leser zu schwammig – was ist diese Energie – wie kann man die sich vorstellen? Ein wenig mehr, bitte…«

»Ein wenig mehr, bitte«, klingt es nach. Wie soll ich Energien beschreiben? »Ein wenig mehr, bitte«, ja so sind sie, die Intellektuellen. Ich wollte nie ein Buch darüber schreiben. Bücher bestehen aus Wörtern. Wörter bewegen sich auf der geistigen Ebene.

Die energetische Medizin hat nichts mit dem Geist zu tun – sie kann man nur »erleben«. Dieser Wunsch, immer alles »verstehen« zu wollen, macht mich mittlerweile verrückt. »Alles verstehen wollen« heißt eigentlich immer nur Sicherheit finden – ein sehr westlicher, Energie saugender Ansatz. Aber Sicherheit findet man nicht durch Worte, sondern nur dadurch, dass man sie wirklich spürt, erlebt.

Die meisten Teilnehmer wundern sich im Basiskurs, dass ich bei manchen Fragen nur sehr kurz antworte oder vielleicht sogar die Frage zurückgebe. Denn die meisten Fragen, die wir an andere richten, dienen einzig und allein dazu, »Sicherheit« zu bekommen in Form von Lebensenergie eines anderen. Oftmals fragen wir aus Angst, etwas falsch machen zu können, wollen uns vorher rückversichern. Was den meisten nicht auffällt: dass die meisten Fragen die exakte Antwort enthält.

In meiner Energieschule gibt es keine Manuskripte – es werden nur wenige »Papiere« verteilt. Denn das Heilwissen, um das es geht, ist ein rein mündlich übertragenes Wissen, und ca. 80 % der Zeit besteht aus praktischen Übungen. Es geht darum zu erleben, wie Zukunftsängste verschwinden, die Flugangst, der Tinnitus, der Rückenschmerz oder die Alpträume. Dann hören meist auch die Fragen auf, und die Zweifel verschwinden. Der Kopf wird abgestellt, und man gelangt in das so befreiende »einfach Tun«.

Jeder kann Energie sehen – nur wissen wir nicht darum. 100 Prozent (!) aller Studenten, die den Seherkurs verlassen, können Energie sehen.

Was sind nun Energien?

Wenn wir beispielsweise jemanden im Vorbeigehen fragen, wie es ihm geht, wird dieser meistens sagen: »Gut, danke der Nachfrage« und sofort zurückfragen, wie es einem selbst geht. »Auch gut, danke«, werden wir dann erwidern. Dann trennt man sich erst einmal. Vielleicht denken wir abends, wenn wir wieder Zuhause sind, an diese Person und merken, dass das »Gut, danke« eigentlich gar nicht so gemeint war. Wir haben im Nachhinein den Eindruck, dass es ihm/ihr gar nicht so gut ging. Vielleicht haben wir sogar ein verzerrtes Erinnerungsbild im Kopf, auf dem er/sie ein wenig weinerlich aussieht, ja sogar weint. Und das bedeutet im Grunde genommen schon, dass wir Energie sehen können – das wahre Gesicht hinter der Maske.

In der Energieschule lernen die Teilnehmer das wahre, das energetische Bild des Klienten zu sehen und es zu heilen.

Leichte Energien

Leichte Energien sind Energien, die kurz in uns eintreten und durch die normale energetische Bewegung des Lichtkörpers wie die Atmung wieder ausgeschieden werden. Es gibt hunderte von Situationen, in denen von »außen« leichte Energien in uns eintreten, sich aber nicht festsetzen. Ein Beispiel dafür ist die kurze, ärgerliche Diskussion mit dem Schaffner über die überfüllten Züge, die spätestens nach ein paar Minuten vergessen ist.

Kinder sind in der Regel bei der Geburt energetisch sehr rein. Fragen Sie mal ein kleines Kind eine Stunde, nachdem es einen Wutanfall hatte, warum es diesen hatte. Das Kind wird sich überhaupt nur schwer darin erinnern. Das liegt daran, dass das Energiesystem des Kindes in der Regel weniger verschmutzt, sondern rein wie ein Kristall ist. Durch das Atmen, welches für eine höhere Schwingung der Chakren sorgt, dreht sich die leichte bis schwere Energie einfach wieder aus dem Lichtkörper heraus: Alles vergessen. Wir Erwachsenen stehen dann staunend und selbst noch wütend in unserer Erinnerung verhaftet einfach nur da. Das energetische Erinnerungsvermögen, also die Anzahl der schwarzen Flecken, nimmt ohne Säuberung leider mit steigendem Alter zu.

Stellen Sie sich vor, sie würden so schnell vergessen, wie Kinder es tun. Das Leben wäre wie ein Fest, jeder Tag wäre ein neuer Tag. Um also selbst wieder völlig kraftvoll und gesund zu werden, müssen wir wieder rein werden wie ein Kristall, wie ein Kind.

Verdichtete Energie

Manuela hat immer Rückenschmerzen. Schon als Jugendliche hat sie darunter gelitten, sagt sie. Denn mit 15 Jahren hatte sie einmal einen Verkehrsunfall. Von außen kann man den Schmerz nicht sehen, auch ein Röntgenbild bringt keine neuen Aufschlüsse darüber, woher dieser Schmerz kommt.

Ich schaue mir das leuchtende Energiefeld von Manuela an und entdecke einen riesigen Metallstab (natürlich nur rein energetisch, als Bild) vom Hals bis hinunter zum Gesäß. Ich ziehe den Stab vorsichtig heraus, dabei »zuckt« der Körper von Manuela ein wenig, und sie beginnt leicht zu weinen. Nach der Sitzung fühlt sich Manuela viel leichter, der Schmerz sei zwar immer noch zu spüren, aber schon viel weniger, sagt sie.

Viele Klienten, die Unfälle erlitten haben, kommen zu mir, weil sie immer noch Schmerzen haben. Rein physisch ist alles verheilt, kein Arzt kann etwas entdecken. Grund ist meistens eine Energie, die immer noch im leuchtenden Energiefeld »sitzt« und sich als Schmerz manifestiert. Durch den Aufprall eines Unfalls kann solch eine Energie in den Leuchtkörper eintreten und sich festsetzen. Dann ist die energetische Wunde noch nicht geschlossen. Ich hatte schon Klienten, die immer noch unter Schmerzen leiden, die vor über 30 Jahren durch einen Unfall entstanden sind.

Diese verdichteten Energien bilden sich im Laufe der Jahre im menschlichen Energiekörper durch ein Leben in energischen Umfeldern wie Familie, Schule, Beruf, aus denen wir nicht ohne weiteres flüchten können.

Ein Kind, das in problematischen Familienverhältnissen aufwächst, wird im jugendlichen Alter dunkle Energieflecken im Lichtkörper haben, die immer wieder nach Wiederholung der Erlebnisse im Außen suchen werden.

Das liegt an dem Gesetz der Resonanz, welches ich in einem späteren Kapitel noch beleuchten werde. Denn wir können nur das im Außen leben, was energetisch in unserem Lichtkörper gespeichert ist.

Das energetische Drama setzt sich in der Schule fort. Sind erst einmal energetische Flecken im Leuchtfeld vorhanden, dann suchen sich die Flecken als Traumata später während der Schulzeit Manifestationen in der wahren Welt. Dann sind es vielleicht die anderen Teilnehmer, die man nicht leiden kann. Man kommt überhaupt mit niemandem so richtig klar. Man ist irgendwie Außenseiter und weiß nicht, warum.

Hatten Sie eine leichte Kindheit?

Was glauben Sie, was in dem Leben des Klienten passieren würde, wenn man die Kindheitsflecke, diese verdichtete Energien löschen würde?

Des Übels Wurzel sind die energetischen Störungen und nicht die Kindheitserinnerungen, die mühsam aufgearbeitet werden müssen.

Im Seherkurs der Energieschule lernen die Teilnehmer, die energetischen Verbindungen zu ihren Eltern abzustreifen. 90 Prozent aller Menschen sind nicht frei, sie sind noch von den Elterndramen bestimmt und leben diese. 90 Prozent aller Menschen haben »offene« Themen mit der Mutter oder dem Vater – auch wenn diese schon längst verstorben sind. Im Seherkurs werden Tools angeboten, diese aufzulösen, zu beenden. Es gibt sehr viele verschiedene Arten von Therapien, Aufstellungen, Elterntherapien, die wichtige Einblicke in das Drama Familie geben, aber hier geht es um die energetische Auflösung des Themas. Teilnehmer berichten über einen enormen Energieschub nach »Abstreifen« dieses schweren Rucksacks der Vergangenheit.

In schamanischen Traditionen werden die Kinder in früher Jugend »energetisch« von den Eltern getrennt und mit der »Mutter Erde« und dem »Vater Mond« verbunden. Der Sinn ist, die Führung des eigenen Lebens dieser »neuen« Eltern zu überlassen, die uns immer wärmend beiseite stehen und führen. Auch das geschieht im Seherkurs.

El mundo energético ocho

Seit diesem Erlebnis mit den Spirits arbeitete ich nicht mehr allein. Hatte ich vorher immer direkt mit dem Lichtfeld der Klienten gearbeitet, so sah ich nun zu Beginn der Behandlung das Energiefeld des Klienten, den mit Gold und Edelsteinen geschmückten Raum und den wunderschönen Marmor-Lichttisch. Der Klient lag energetisch auf diesem Tisch.

In ein bis zwei Meter Entfernung saßen die beiden Heilspirits, die jedes Mal andere Namen hatten und auch anders aussahen, da jeder Klient ein anderer war und andere Themen hatte.

Der schamanische Weg ist ein Weg der Fülle, das fiel mir dazu ein. Denn die Hilfe, auf die wir zurückgreifen können, ist gigantisch. Zu jedem Klienten erscheinen andere Spirits, andere Spezialisten mit neuem Wissen.

Ich konnte die Spirits fragen. Und sie antworteten. Sie waren wie sehr erfahrene Ärzte, wie höchst erfahrene Energie-Chirurgen, die mich anleiteten, mich lehrten, meinen Blick zu schärfen.

Aber ihre »Hauptarbeit« bestand nicht nur darin, mich zu lehren, sondern auch darin, mitzuarbeiten. So war es, dass während einer Behandlung im Prinzip drei Behandler arbeiteten: Der feminine Spirit, der maskuline Spirit und ich.

Sie gaben mir Anweisung, was zu tun war, und die kleinsten Abweichungen von ihren Instruktionen wurde mit Kritik bedacht, die sofort in Form von Zeichen geäußert wurde. Der mahnende Zeigefinger der Spirits während der Behandlungen ist mir in guter Erinnerung geblieben.

Die Spirits lehrten mich, meinen Egotrip aufzugeben. Anfangs dachte ich nämlich immer, ich sei derjenige, der heilen würde. Mein Ego wurde durch die positiven Rückmeldungen der Klienten gestärkt und mit Komplimenten verwöhnt. Ich war wie ein Künstler, der immer hören will, wie toll seine Bilder doch sind.

Mehr und mehr lehrten mich die Spirits, dass nicht ich es bin, der heilt, sondern letztendlich der Spirit. Ich war nur Werkzeug – »Medium« nach der esoterischen Terminologie.

Die Behandlungen wurden immer effektiver, schneller – und immer besser. Die Klienten kamen mit ihren Themen, die Spirits sagten mir in Sekundenbruchteilen, in welchem Energiebereich (Chakra) die Krankheit oder das Problem zu finden war. Ich bewegte mich dann in dieses Chakra, schaute mir die »wahre« Geschichte »hinter« der Krankheit an und führte die energetische Heilung durch.

Immer mehr wurden die wahren energetischen Geschichten zu reinen, sehr mystischen Zeichentrickfilmen. Da sah ich im 2. Chakra die Energie der Klientin, die von einem Mann in Uniform an einer Stahlkette gefesselt war – die Klientin traf immer dominante Männertypen. Bei jemand anderem sah ich im 4. Chakra, wie der Klient über eine Feuerlandschaft flog – der Klient litt unter Atemnot, ständiger Panik und Tinnitus. Ich sah im 3. Chakra die Energie eines Klienten in einer Gaslampe eingesperrt, die wiederum in einem Bunker tief unter der Erde begraben war – der Klient hatte Asthma und Angst vor Menschenmassen. Ein anderes Mal sah ich im ersten Chakra die Energie des Klienten in einem Käfig eingeklemmt, von giftigem Wasser umgeben – der Klient hatte permanent Rückenschmerzen und fühlte sich oft müde und schlapp.

»Was soll ich mit diesen symbolischen, mystischen Geschichten anfangen?«, fragte ich die Spirits.

»Es sind nur Bilder, Martin, nichts mehr, es sind Übersetzungen von Energie in Bilder – mehr nicht«, bekam ich als Antwort.

»Was nützen diese Geschichten – wenn man sie nicht ändern kann?«

»Wir können die Geschichten ändern. Bedenke, dass du dich in einem Chakra befindest und jedes Lebewesen aus Energie besteht. Denke daran, wie es sein sollte!«

»Wie es sein sollte? Soll ich denn das Dunkle, das Giftige einfach aus den Chakren entfernen und in Licht verwandeln?«

»Frag nicht soviel, tue es einfach«, sagte Helena, und Morales nickte zustimmend. So hießen die Heilspirits heute.

»Ja, aber wie?«, fragte ich.

Energieverbindungen

In meinen Seminaren erzähle ich immer das Beispiel von der besten Freundin, die gerade in dem Augenblick anruft, wenn wir an sie denken. Im Grunde genommen brauchen wir gar nicht mehr anzurufen, um zu erfahren, wie es der jeweiligen Person geht. Sobald wir an die Person denken, »fragen« wir quasi den Gemütszustand des anderen über die Entfernung ab und: wissen es!

Nur diejenigen, die in völliger Trennung, abgeschnitten von der eigenen Intuition leben, dürften Schwierigkeiten haben, es zu spüren. Denn diese energetischen Verbindungen sind viel, viel mehr, wie ich später erfahren durfte.

Babette

Ich arbeitete mit Babette zum ersten Mal. Sie kam aus Spanien angereist, sie hatte einmal ein Seminar von mir in Barcelona besucht.

Babette konnte ihr Problem nicht beschreiben. Ihr ging es eigentlich richtig gut, sie hatte einen tollen Mann, zwei Kinder, war von Italien wieder nach Hause, nach Barcelona, gezogen. Bald würde sie wieder anfangen zu malen, etwas für sich tun.

Dennoch ging es ihr oft sehr schlecht, das sei so ein Gefühl von

Schwere, sagte sie, so, als ob sie von irgendetwas heruntergezogen würde. Und dann die Traurigkeit, diese unglaubliche Traurigkeit, die sie manchmal spontan überfällt. Sie kann nicht sagen, woher diese Lethargie kommt, sagte sie. Auf jeden Fall habe das alles definitiv nichts mit ihrem Leben tun, denn da sei ja alles in Ordnung.

Als sie eine kurze Weile auf dem Behandlungstisch lag, konnte ich den Grund ihres Thema erkennen: Sie hatte aus ihrem 3. Chakra, das ist der Solarplexus, eine Verbindung, die wie ein Rohr aussah. Dieses Rohr ging von ihrem Lichtkörper heraus durch den Behandlungsraum wie ein Schlauch durch das Fenster heraus.

‚Es wäre schon interessant herauszufinden, wohin die Verbindung geht', dachte ich und sah wie durch Zufall auf einen Globus, der in meiner Praxis stand.

Ich stellte mir die Karte Deutschlands vor und sah, wie die Verbindung von Köln über die Landesgrenzen hinaus über Frankreich bis nach Spanien ging. Und zwar in den Norden Spaniens.

»Jetzt geht wieder deine Phantasie mit dir durch«, witzelte ich über mich selbst.

»Norden«, dachte ich. Das kann doch nicht sein. Sie sagte doch, sie käme aus Barcelona. Ich sah aber die Verbindung in Andorra enden.

So etwas habe ich noch nie gehabt, dachte ich, habe ich eine neue Fähigkeit hinzugewonnen? Ich ging bis zum Ende der Verbindung und sah die Energie beziehungsweise das energetische Bild einer femininen Energie, einer Frau, vielleicht Ende sechzig. Sie schien nicht glücklich zu sein.

Wahnsinn, dachte ich und traute mich nicht, Babette zu fragen.

»Ich sehe eine Energie, feminin«, tastete ich mich vorsichtig heran.

»Feminin? Das bin doch ich«, sagte Babette.

»Nein, ich meine eine Verbindung zu einer femininen Energie in Spanien«, versuchte ich erneut.

»In Spanien, feminine Energie? Das ist meine Mutter! Meine Mutter!«, sagte sie.

Das war schon mal ein Volltreffer, dachte ich. Wenn jetzt noch stimmt, dass sie nicht in Barcelona, sondern im Baskenland lebt, dann habe ich wieder etwas, was ich niemandem erzählen kann und wofür mich alle für verrückt halten.

»Sag mal, deine Mutter wohnt aber nicht in Barcelona – was?«

»In Barcelona? Nein…sie wohnt weiter im Norden.«

Mir lief es eiskalt den Rücken herunter – ich kam mir vor wie ein Spürhund, der aus weiter Entfernung schon die Beute orten konnte.

»Vielleicht in Andorra?«, fragte ich mit zittriger Stimme.

»Andorra?«, »Nee, um Himmels Willen – nicht in Andorra – im Baskenland.«

»Ah ja?«, sagte ich. ‚Mist, das wäre ja zu schön gewesen, um wahr zu sein. Das wäre ja auch eine Sensation gewesen', dachte ich.

Die Verbindung wurde von mir getrennt und ihr 3. Chakra gereinigt. Babette ging es sofort besser. Sie bestätigte, dass sie oft an ihre Mutter denken müsse, und als sie hörte, dass die Verbindung zu ihrer Mutter bestand, wurde ihr klar, dass die Traurigkeit gar nicht ihre Traurigkeit war, sondern die ihrer Mutter. Die Energie, die Lethargie ihrer Mutter »floss« quasi permanent zu ihr.

Viele Klienten beschreiben diesen Effekt als ein Gefühl von permanentem »Ausgesaugt-Werden«. Das kann durch den Partner, durch einen Freund oder durch die Kinder geschehen. Bei gesunden Menschen trennt sich diese Verbindung automatisch.

Babette schrieb ein paar Wochen später eine Mail, in der sie mitteilte, dass es ihr äußerst gut ginge, ihre Mutter hätte seitdem vermehrt angerufen, so als ob sie die Trennung der Verbindung gemerkt hätte, aber bei ihr sei nichts mehr zu holen, sagte Babette. Ihre Mutter habe sich nun einen Therapeuten in Andorra gesucht.

Wunderbar, dachte ich damals. Wenn solche Verbindungen getrennt werden, dann heilt nicht nur derjenige, der bei mir war, sondern auch der Mensch, mit dem die Verbindung bestand.

Bei vielen Klienten sehe ich noch heute Verbindungen zu Ex-Partnern, Beziehungen, die schon über 15 Jahre vorbei sind. Meistens haben sie schon eine neue Beziehung, aber die Energie scheint immer noch zu der alten Beziehung zu fließen. Das ist auch der Grund, warum eine Trennung nicht unbedingt vollzogen wird, wenn ein Paar auseinanderzieht. Jeder kennt das. Der eine kann bis Toronto ziehen, und die energetische Verbindung bleibt so lange bestehen, bis sie durchtrennt wird. Die Trennung von Partnern kann viel schneller und vor allen Dingen schmerzloser geschehen, wenn diese Verbindungen energetisch getrennt werden.

Wochen später, nachdem ich zum ersten Mal Verbindungen sehen und trennen konnte, spielte meine Tochter mit dem Globus in meiner Praxis.

Dort war Spanien zu sehen. Ich guckte mir den Norden an, mir fiel Babette wieder ein, und ich konnte es nicht glauben: Andorra lag natürlich nicht im äußersten Norden – sondern das Baskenland. Ich hatte mich also mit den Ländern vertan. Ich lag damals also genau richtig. Ich hatte wirklich gesehen, dass ihre Mutter im Baskenland lebte – was ich für Andorra gehalten hatte …

»Yehhhhhiiiiiiiiiiiiiiiiyoooooooooooooo«, freute ich mich. Meine Tochter sah mich fragend an. »Alles klar, Papa?«

El mundo energético nueve

»Wenn Du eine Verunreinigung siehst, dann puste sie einfach mit deiner Intention hinaus«, sagte Morales später. »Wenn dunkle Energie verschwindet, dann kann nur Licht hinterherkommen«, führte er weiter aus.

»Ja, aber …«, sagte ich.

»Nichts ja aber, tue es einfach«, befahl Morales.

Mittlerweile hatte ich die Firmen verkauft. Ich konnte einfach nicht mehr in dieser alten, traditionellen Welt des Geldverdienens leben. Der Prozess der Ablösung vom alten Leben ging schnell vonstatten. Zuerst waren es die Freitage, die ich für Heiltermine reservierte. Dann nahm ich noch jeden zweiten Donnerstag hinzu, dann jeden Donnerstag, den Mittwoch …

Meine Zweifel verschwanden. Ich hatte große Heilerfolge und die Klienten schrieben mir darüber Mails. Das bestärkte mich, denn es waren die Heilerfolge, die mich immer bekannter machten, und nicht Marketing.

Ich hatte zum ersten Mal im Leben wirklich das Gefühl, etwas Sinnvolles zu tun. Ich half Menschen und konnte mittlerweile auch davon leben.

Mit der Zeit las ich mich ein wenig in die esoterische Literatur ein. Wahnsinn. Es war unglaublich, was es dort alles gab. Wen es dort alles gab. Wie viele Menschen auf dem Weg waren, war für mich äußerst interessant.

Aber noch interessanter war, was ich durch die viele Arbeit mit Klienten (und damals hatte ich schon fast 1.000 weltweit) gelernt hatte. Ich hatte darüber nie Bücher gelesen. Es war die Praxis, die Rückmeldungen der Klienten und mein Reflektieren darüber, was mich geschult hatte. In den Büchern erfuhr ich dann oft Bestätigung und lernte die esoterische Begrifflichkeit.

»Channeln« war zum Beispiel wohl das, was ich während der Kommunikation mit den Spirits machte, um herauszubekommen, was mit dem Klienten los war:

Das Reden mit verstorbenen Energien würde auch unter den Begriff »Channeln« oder »mediale Arbeit« fallen. Menschen, die sich bei Heilungen der Hilfe von Geistwesen oder Helfern aus der geistigen, spirituellen Welten bedienten, hießen wohl »Medien«. Gut, dachte ich, dann bin ich auch ein Medium.

Diese Begrifflichkeiten waren aber für mich belanglos. Es war interessant, wie andere auch versuchten, diese sehr schwer zu greifende Energietechnik in Worte zu fassen.

Denn im Grunde genommen ging es hierbei um das Rückgewinnen der eigenen Intuition, die Stärkung des Sehens und richtige Nutzung der Naturkräfte der Intention.

Umso interessanter war es, Literatur über sagenhafte Heilmethoden, komplizierte Affirmationstechniken, komplizierte Übungen zu lesen.

Mit steigender Erfahrung wurde mir immer klarer, wie einfach die von der Natur vorgesehene Heilung war. Wie einfach es war, wenn man seine natürlichen Kräfte zurückgewinnen konnte, um in seine Kraft zu kommen.

Problem definieren (intuitiv fühlen), es ausfindig machen (sehen) und einfach rauspusten (Intention): So einfach war das. Jeder kann das lernen. Jeder muss das wieder lernen, das wurde mir immer klarer. Dazu musste man nicht nach Peru fahren oder nach Sibirien oder nach Hawaii. Dazu braucht es keine Reise in den Dschungel.

Umso mehr verwunderte mich eines Tages eine Mail aus Peru. Sie war sehr kurz, von Don Chino, einem der jungen indianischen Energieseher, und es hieß darin, ich solle herkommen. So schnell es geht. Die Inka-Ältesten wollten mich sehen.

»Die Inka-Ältesten wollen mich sehen«, äffte ich mich selbst nach. Ich brauchte keine Inkas, dachte ich in diesem Moment. Das Wissen steht einfach jedem zur Verfügung. Jeder kann das wieder lernen und damit das verlorene Wissen zurückholen. Außerdem bin ich kein Indio, wehrte ich mich weiter.

Ich vergaß die Mail zunächst für ein paar Tage. Ich brauchte nicht nach Peru zu fahren, um etwas von dort zu holen. Ich hielt nichts von diesem Heiltourismus, der auch Deutschland schon erreichte. Inder wurden eingeflogen, Peruaner zu Massenheilungen, Heiler aus Hawaii, Ayuhuasca-Zeremonien in Süddeutschland, das kam mir vor wie Samba in Mettmann.

Viele von den Teilnehmern hatte ich zur Nachbetreuung hinterher in meiner Praxis, weil sie mit dem Erlebten nicht mehr klarkamen. Dennoch schätze ich die Arbeit dieser Heilsimporteure, da sie mit ihrer Arbeit den Menschen sensibilisieren und einfach aufmerksam machen. Danke dafür.

»Wir alle haben das Wissen. Hier. Wir müssen es nur wiederentdecken«, sagte mir eine innere Stimme während meiner zahlreichen Sitzungen.

Ahnenenergien: Der Krieg ist noch lange nicht vorbei

In den Energiefeldern der Klienten lassen sich, wenn man Energien sehen kann, schnell Ahnenenergien erkennen.

Das muss man sich so vorstellen, als ob jemand Huckepack oder an der Seite, hinten oder vorne an dem Klienten energetisch mitgeht oder dranhängt. Man sieht an den Kleidern dieser Ahnenenergien, am Haar, am Gesicht, ob es sich um männliche oder weibliche Ahnenenergien handelt und auch wie alt sie sind. Über Psychodramen kann man mit diesen Energien – denn mehr sind sie nicht – sprechen und fragen, woher sie kommen, wie sie gelebt haben und wie sie gestorben sind.

Die meisten dieser Ahnenenergien sind sehr verängstigte, verzweifelte Energien, Erinnerungen, Kopien von Energiefeldern schon hinübergegangener Menschen.

Viele Klienten wissen deshalb, äußern es sogar, dass sie sich »besetzt« fühlen. Innere Selbstgespräche mit jemand Fremdem, das Gefühl, nicht selbst Entscheidungen zu treffen, sein Leben nicht zu leben, »seinen« Beruf nicht ausüben zu können, können Anzeichen von Ahnenenergien sein.

Verena

Verena ist 28 Jahre alt und kann mit Männern weder zusammensein, noch arbeiten oder sonst etwas, sagt sie. Das ist in allen Bereichen so und fängt schon an, wenn ein Mann sie mit dem Taxi befördert. Das ist natürlich auf Dauer problematisch, gerade jetzt, wo sie mit dem Studium fertig ist und eine feste Anstellung sucht.

Verena litt unter einer sehr aggressiven ängstlichen männlichen Ahnenenergie, deren Energie sich in Verenas Leben durch eine extreme Ablehnung und Angst vor Männern äußerte.

Aber bitte: Ich will die Angst vor diesem Thema nicht unnötig groß machen. Diese Ahnenenergien sind auch nur »Energien« – wenn auch sehr, sehr starker Art. Eines muss man sich immer vor Augen halten: Es sind keine Bestien, die energetisch an einem kleben, sondern meistens die Energien verstorbener Ahnen in Gestalt von Bildern. Sie hatten sehr große Angst zu sterben und wollten in uns weiterleben.

Ungefähr zwei Drittel aller Klienten, die zu mir kommen, sind von solchen Energien besetzt. Diese Energien sind unterschiedlichster Herkunft. Viele dieser Energien sind Energien unserer Großeltern, die noch die Kriege miterlebt haben. Das bedeutet Kriege und

Zeiten in höchster Angst. Angst ums Überleben, Angst zu sterben, den festen Willen, irgendwie durchzukommen, koste es was es wolle, Überlebenskampf im Schützengraben. 60 Prozent aller Ahnenenergien, die ich zu Gesicht bekomme, sind Kriegsenergien, also Energien von Menschen, die im Krieg verstorben sind.

70 Prozent meiner Klienten mit beruflichen Problemen kommen wegen Mobbing – Der Beruf wird wie ein Leben auf einem Schlachtfeld erlebt. Mobbing bedeutet Verrat, Intrige, Erniedrigung, Ausgrenzung, Austricksung. Ich hier, da die anderen. Sobald du eine Schwäche hast oder zeigst, bist du dran. Das kennen wir doch irgendwoher: Die meisten dieser Klienten »tragen« Ahnenenergien aus den Kriegen in sich. Der Krieg ist also faktisch seit Jahrzehnten beendet, energetisch aber noch lange nicht vorbei – er wird nur auf anderen Ebenen in Form von Diskussionen und Kämpfen untereinander weitergeführt.

Ich erkenne Ahnenenergien im Energiefeld eines Klienten an den Kleidern und Uniformen, die sie »energetisch« tragen: Soldatenuniformen, Ledermäntel. Und dort leben sie energetisch weiter und beeinflussen extrem das Leben des Menschen in allen Bereichen: Partnerwahl, Beruf, Hobby, Vorlieben, Kleidung, Wohnungseinrichtung, Lebenseinstellung, Mut, Ängste, Alpträume und das Verhalten in allen Situationen. Ein Klient mit einer Ahnenenergie verhält sich immer wie eine Mischung aus sich selbst und jemand anderem.

Friede, wirklicher Friede im Menschen entsteht erst, wenn diese Ahnenenergien durch einen Energieseher mit Hilfe der Naturkräfte verändert werden.

Dann dürfte es auch in unserer Welt kein Mobbing mehr geben.

El mundo energético diez

Es war fünf Monate später und 20 Uhr abends peruanische Zeit, als mich der Bus draußen vor dem Hotel erwartete. Ich hatte Angst. Don Chino, einer der jungen Schamanen und Übersetzer der Inkasprache Quechua ins Spanische, bat mich am Morgen, alleine mit den Inka-Ältesten und weiteren sechs Indios in die Berge zu fahren. Sie wollten mit mir eine spezielle Sitzung machen, eine Mischung aus Initiation, Heilung und »Despacho« – was auch immer das heißen sollte.

»Warum gerade ich?«, fragte ich ihn mehrmals sehr unsicher. »No me preguntes tanto«, antwortete er immer wieder: »Frag' nicht so viel«.

Ich stieg also um 20 Uhr in den Bus voller Queros, dem Nachfolgevolk der Inkas. Don Humberto, Doha Bernadina, Don Pasqual, Don Chino, Don Francisco, Don Pertí. Nur Chino spricht Spanisch.

»Chino, quando llagamos?«, frage ich mit zittriger Stimme. »Wann kommen wir an?«

»No sé ...en una horita o ago asi!«. »In einer Stunde«, sagte er. Am liebsten hätte ich gefragt, was sie dort oben mit mir machen wollen. Mir kamen Bilder von Voodoofilmen und Mickey Rourke in den Kopf, in denen sie Hühnern den Kopf abschlugen und das Blut tranken. Mit diesem Bild schoss mir ein Angstschauer über den Rücken, und meine Fantasie lief auf Hochtouren: Ich hoffe, ich bin nicht Teil der Prophezeiung, in der es heißt, dass irgendwann ein weißer Europäer – vor allen Dingen Deutscher – geopfert werden muss, um das Heil in die Welt zu bringen. Plötzlich macht sich mein Handy bemerkbar: Keine Verbindung mehr. Abgeschottet. In einem Bus mit sechs Queros. Verloren. Nur das Bild meiner Familie auf dem Display erinnerte mich noch an zu Hause, und meine Angst stellte die Frage: »Werde ich je wieder zurückkommen?«

»Jetzt hör mal auf!«, sagte ich zu mir selbst. »Du hast ja Schiss für Sieben!« Aber die Angst verschwand nicht.

Es war dunkel oben auf 4.000 Meter Höhe. Sehr dunkel. Wir stiegen aus dem Bus aus und gingen in eine Holzhütte, wo eine Frau etwas zu essen machte. Und da saßen nun alle erst einmal für zwei Stunden und aßen gemütlich. Und ich mittendrin, die Hosen voll. Alle sprachen auf Quechua und Don Chino war müde, mir alles zu übersetzen. Ich war zu müde, immer zu fragen. Hilfe!

Wann ging das los, was sie machen wollten? Es war schon elf Uhr abends.

Nach einer halben Stunde verschwand Don Pasqual, kam dann wieder und sagte »listo« – wir können starten.

Energie-Resonanz

Zu Beginn haben wir schon festgestellt, was Energie-Resonanz bedeutet: Die Art, wie wir die äußere Welt erleben, ist ein Spiegel unserer inneren Welt. Niemals umgekehrt.

Energiestörungen manifestieren sich nicht nur im Inneren, sondern auch im Außen: als miserable Lebensumstände, falsche Freunde und Partner, mieser Job und vieles mehr.

Denn eine Störung der inneren Energie hat immer eine hundertprozentige Manifestation im Außen. Wer etwa mit dem Thema »schlechtes Selbstbewusstsein, Mangeldenken« zu mir kommt, dem dürfte es schwer fallen, mit diesem Muster reich zu werden.

Stellen Sie sich einmal einen Klienten vor, der zwei schwere Energien, die kämpferisch gelebt haben, und weitere »dunkle Flecken« hat. Diesem Klienten dürfte es extrem schwer fallen, an eine Welt zu glauben, die sicher und ohne Gefahren ist. Dieser Mensch wird wahrscheinlich versuchen sehr sicher zu leben, die Tür nachts drei Mal abschließen, viel Geld für schwere Zeiten auf die Seite legen und nur schwer Vertrauen zu anderen finden.

Die meisten Klienten fragen nach den Sitzungen, was sie denn jetzt tun sollen. Den Job kündigen? Den Chef nach mehr Gehalt fragen? Die Beziehung beenden? Umziehen? Auswandern? »Nichts«, sage ich immer. Es ist ganz wichtig, dass einfach nichts getan wird. Denn wenn wir nach Behandlungen innerlich gesäubert sind, ziehen wir »Sauberes« an. Wenn wir »sauber« sind, breitet sich Energie aus. Wenn wir voller Energie sind, verändert sich unser Umfeld und das Glück findet uns. Die Dinge ergeben sich dann von selbst, ohne Zutun. Die Lebensumstände verändern sich zum Guten, Ihre positive Ausstrahlung wirkt ansteckend auf andere, Ihre Begeisterung und neue Neugier auf das Leben bleibt nicht ohne Wirkung: Plötzlich findet man einen Partner (er kommt zu ihnen – »Zufall« werden Sie sagen), in der Beziehung klappt alles, was vorher nie geklappt hat, Sie ziehen die Leute an, die Sie schon immer kennen lernen wollten, der Weg zur Karriere wird frei und oft folgt das eine auf das andere. Denn so, wie Sie hineinrufen, schallt es wieder aus Ihnen zurück. Das Lächeln, das Sie aussenden, kommt zu Ihnen zurück. Man liebt Sie. Liebe ist die höchste humane Energieform. Das ist Resonanz, energetisch betrachtet.

Selbst mich, der schon tausende von Behandlungen durchgeführt hat, verblüffen immer noch die Berichte von positiven Änderungen der Lebensumstände der Klienten. Schwierig zu verkaufende Wohnungen verkaufen sich wie von selbst, neue Wohnungen kamen einfach auf sie zu, ein neuer Partner/-in klingelte quasi an der Haustür, die Beziehung zu den Kindern verbessert sich schlagartig, auf einmal gehen Aufträge ein, das richtige Jobangebot …

Glauben Sie mir: Solange Sie sich nur bemühen, darum kämpfen, sich überarbeiten, um Ihr Ziel zu erreichen, folgen Sie nicht dem Energiefluss des Universums. Dieser Energiefluss entsteht erst, wenn wir energetisch »rein« werden,d.h. auf den richtigen

Weg kommen. Dann findet sich alles. Es kommt einfach auf uns zu.

Der Weg des »in die Kraft Kommens« ist ein Weg, auf dem die Wunden in Quellen der Kraft verwandelt werden. Die Ergebnisse zeigen sich nicht nur durch die Veränderung einer Problematik, des Symptoms, sondern oft mit unglaublicher Geschwindigkeit in den äußeren Dingen des Lebens.

Und das ist im Grunde genommen die große, große Chance. Durch die energetische Besserung erhöht sich unsere Lebensqualität. Durch die energetische Besserung entstehen neue Möglichkeiten im Leben. Wahre Alternativen, Perspektiven, vielleicht eine neue Zukunft.

Es gibt keine Zufälle im Leben. Im Visionskurs lernen die Teilnehmer die Zeichen (Zufälle) der Zukunft zu lesen. Das Wort Zufall kommt von zufallen, es »fällt mir zu«. In dieser Schreibweise bekommt das Wort eine ganz andere Bedeutung. Es wird deutlich, dass wir nicht Opfer irgendwelche Zufälle sind, sondern, dass uns Dinge oder Gegebenheiten zufallen, also Produkte unserer Bewegung durch das Leben sind. Es fällt uns also nur das zu, mit dem wir in Resonanz stehen.

Ein einfaches Beispiel für Resonanz ist, dass wir über kurz oder lang immer auf die zu uns passenden Menschen treffen. Wenn ich Seminare gebe, formen sich sofort aus den Teilnehmern einzelne, kleine Grüppchen. Da ist eine Gruppe, die aus derselben »Ecke« kommt, eine andere Gruppe hat vielleicht schon Erfahrungen mit energetischem Heilen und wieder ein anderes Grüppchen hat vielleicht schon mehrere Kurse dieser Art schon gemacht. Da ist eine Gruppe von Unternehmern, von Ärzten, Krankenschwestern, Yogalehrern, aus allen möglichen Lebensbereichen kommen die Teilnehmer, meistens ohne Vorkenntnisse, die einen aus Österreich, die anderen aus der Schweiz und alle interessiert das Thema »energetisches Arbeiten«. In diesen Gruppen hat man ein gemeinsames Thema, man fühlt sich wohl und es ist einfach, sich kennen zu lernen.

Später lernt man sich näher kennen und dann formen sich wieder ganz neue Gruppen. Dann sind die Lethargischen zusammen, die Lustigen, die Raucher, die Menschen mit gleichem Weltbild. Genau das ist die Ebene der Energie, die Ebene der Resonanz. Wir könnten uns verbiegen, wir ziehen trotzdem immer genau die an, die uns »energetisch« gefallen.

»Sag mir, mit wem du ausgehst, und ich sage dir, wie du bist«, jeder kennt dieses Sprichwort. Wenn wir einen hohen Grad an energetischer Verunreinigung haben, dann ziehen wir auch andere an, die in diesem Zustand leben. Das geht gar nicht anders, da wir ja nur mit jemandem Zeit verbringen wollen, der uns versteht. Ein Sonnyboy wird es nur kurz mit einem lethargischen, depressiven Menschen aushalten. Deswegen wird auch Reich immer reicher, deswegen wird Arm immer ärmer. Wenn wir uns heilen, können wir diesen Resonanzkreislauf durchbrechen.

Carmen

Ahnenenergien und deren Resonanz können uns sogar in fremde Länder schicken, wie das Beispiel von Carmen zeigt. Carmen wohnt in Barcelona, ist aber Kolumbianerin. Sie weiß nicht mehr, was sie in Europa soll. Seit zehn Jahren lebt sie mittlerweile hier, ist wieder alleine, kann aber auch nicht nach Kolumbien zurück. Sie sitzt quasi »zwischen den Stühlen«, sagt sie. In Mailand hat sie Italienisch gelernt, jetzt ist sie wieder in Barcelona, aber so richtig bleiben kann sie nirgendwo. All das macht sie sehr traurig, vor allen Dingen, wenn sie in die Zukunft blickt und sich die Frage stellt, wie das alles nur weitergehen soll ... dabei fängt sie zu weinen an. »Ich weiß aber nicht, warum ich jetzt weine«, sagt sie. »Ich wollte nie große Sprünge machen, jetzt läuft mein Geschäft nicht, ich fühle mich alleine, ich weiß einfach nicht, wohin mit mir.«

Ich fange die Behandlung schnell an, denn ich will nicht, dass sie das Drama komplett durchlebt. In ihrem 3. Chakra sehe ich sie in einem vorherigen Leben als Magd. Sie steht in einem Schlafzimmer und macht gerade die Betten, als ein Mann in den Raum hereinkommt und anfängt, auf sie einzuschlagen. Er spricht Französisch und sagt so etwas wie »Du bist nur eine Magd, du sollst dich nicht in unsere Angelegenheiten einmischen.«

»Hab' ich doch nicht!«, sagt sie.

»Woher weiß meine Gattin dann von uns?! Du musst mit den anderen darüber gesprochen haben, du geschwätziges Weib.« Der Mann fängt an, sie aus Wut zu würgen, bis sie erstickt.

Die Nachbesprechung mit Carmen bringt einiges zutage: »Ja«, sagt sie, »das Bild ist interessant. Ich habe immer Jobs gemacht, die schlecht bezahlt waren. Ich hatte immer Angst, Verantwortung zu übernehmen, weil ich dachte, ich würde dann für das, was ich tue, bestraft werden. Auch mit dem Französisch kann ich etwas anfangen. Ich hatte immer das Gefühl, schon als Kind, nach Frankreich gehen zu müssen. Ich habe dort auch drei Jahre lang gelebt. Hatte ich das nicht erzählt? Ich hatte immer das Gefühl, dass hier noch etwas zu erledigen ist.«

Ich konnte sie beruhigen: Nicht nur die aggressive männliche Energie wurde während der Sitzung ans Licht geführt, sondern das gesamte Trauma energetisch verändert

Vier Monate später erhielten wir eine Mail von Carmen aus Kolumbien. Sie ist endlich wieder zu Hause angekommen und glücklich, eine Reise beendet zu haben, die fast zehn Jahre gedauert hatte.

El mundo energético once

»Listo« – »wir können starten«, sagte Pasqual. »Womit können wir starten?«, fragte ich mich, als ich die letzte Kartoffel herunterwürgte. Die gab es hier also auch. Fleisch dazu, Hühnerfleisch, glaube ich. Ziemlich verkocht. Alles schmeckte nach Holzkohle.

Alle standen auf, gingen hinaus in eine andere Holzhütte und setzten sich auf den Boden. Es war kalt, die Sterne waren zu sehen und die Berge ringsherum sahen aus wie die Zähne von einem Ungeheuer. In der Hütte waren kleine Kruzifixe zu sehen, zeremonielle

Gegenstände, Kerzen. Es roch nach Salbei. Es war stockdunkel. Die Kerzen spendeten ein wenig Licht und das Flimmern formte komische Kreaturen und Schatten in den Gesichtern der Inkas. Ich hatte Angst, große Angst, und war allein.

Sie fingen damit an, mit Kokablättern einen kleinen Altar, eine Art Opfergabe für die Spirits zu bauen. Der wird dann während einer Feuerzeremonie ans Licht gegeben, erinnerte ich mich einmal gelesen zu haben. Sie reichten jedem die Kokablätter. Jeder blies eine Intention, einen Wunsch in die Blätter und gab sie dem Ältesten zurück. Der wiederum fügte sie dann dem Altar wieder hinzu.

'Welchen Wunsch soll ich nur da reinpusten', dachte ich. »Ich will hier wieder gesund herauskommen«, pustete ich als ersten Wunsch und gab das Kokablatt Don Humberto. Der bedankte sich, pustete auch etwas hinein und legte es zurück in den Altar.

»Wenn ich hier rauskomme, dann möchte ich glücklich mit dem werden, was ich mache«, war meine nächste Bitte. Die anderen Queros taten dasselbe. Gerne hätte ich gewusst, welche Wünsche sie in die Kokablätter hineingepustet hatten.

'Was soll das alles?', dachte ich. Warum hatten sie mich ausgewählt?

Die Zeremonie dauerte bestimmt zwei Stunden, und ich wurde immer unruhiger. Unruhe, dachte ich, ist immer eine Vorankündigung für das, was noch kommt. Wenn ich doch hinter die Kulissen gucken könnte – ich wäre wahrscheinlich erstaunt gewesen, in welchem Maße da schon die Möbel gerückt wurden.

»Listo«, sagte Don Humberto und pustete das schummrige Kerzenlicht aus. Ich hatte noch nie in meinem Leben solch eine Dunkelheit gesehen. Auf einmal spürte ich eine Hand am Rücken, die nächste am Bauch. Ich solle mich hinlegen – was ich nun tat. Mein Herz schlug die dreifache Frequenz und ich schwitzte. Andere Hände zogen meine Schuhe aus und hielten meine Füße fest.

Hoffentlich habe ich keine Schweißfüße, dachte ich. Dennoch war meine Angst auf dem absoluten Höhepunkt. Ich zitterte, als jemand seine warmen Hände um meine Schläfen legte.

Ich hörte die anderen Queros auf Quechua tuscheln und flüstern. Ging es dabei um mich? Um Himmels Willen – ich hatte keine Kontrolle mehr. Wenn jetzt einer ein Messer ziehen würde, dann könnte der mich lautlos umbringen. Ich bin ausgeliefert, dachte ich. Ist das vielleicht mein Thema, das jetzt geheilt werden soll? Vertrauen? Werde ich überhaupt geheilt? Ich hörte Pfeifen, roch den Geruch von Gewürzen. Und immer dieses Tuscheln und Flüstern. Dann hörte ich ein Pfeifen … so wie mein Vater immer an den Wochenenden pfiff, wenn er nicht arbeiten musste. Jemand pustete über meinen Körper, dann noch einmal. Das war, als ob mir jemand ein Kettenhemd abpusten würde. Dann sah ich ein Gesicht von einem Indianer. »Wie heißt du?«, frage ich. »Don Mariano«. »Don Mariano?« Ich kenne keinen Don Mariano. Don Mariano verschwand aus meiner Vorstellung und ich sah auf einmal eine grüne Wiese mit Blumen … im Sommer.

Mit einem Schlag war es hell, sehr hell. So, als ob jemand eine Taschenlampe in mein Gesicht halten würde. Die Hände deuteten mir an, die Augen zu öffnen. Die Kerzen schienen plötzlich angegangen zu sein. Wie war das möglich?

»Listo«, sagte Don Humberto. »Fertig.« »Ja, aber …«, dachte ich und fragte Chino, der Spanisch spricht: »Chino, ich fühle mich leichter und freier, aber was ist genau passiert? Was sollte das mit dem Altar?« »Vas a ver«, sagte Chino. »Du wirst schon sehen.«

Allesamt gingen sie nun nach draußen und, ich weiß nicht wie, aber 50 Meter weiter brannte schon ein Feuer, ein großes Feuer. Die Queros gingen dort mit dem Altar hin, der eigentlich Despacho heißt, sagte mir Chino. Sie würden nun den Despacho, alle die Wünsche, meine Heilung »ans Licht« bringen – ins Feuer geben. Ich darf nicht dabei sein, sagte Chino. Wenn ich dabei zusehen würde, dann würde der Despacho nicht ans Licht gehen. Ich solle mich ausruhen drüben in der Hütte – vielleicht ein bisschen schlafen.

Ich kann aber nicht schlafen. Ich saß in der Hütte mit gespitzten Ohren, hörte, wie die Queros ein zeremonielles Lied sangen und war unsicher, was da mit mir passiert – beziehungsweise mit meinem Despacho. Nach etwa einer Stunde verstummte der Gesang – sie schienen fertig zu sein.

»Ich muss unbedingt wissen, was da mit mir passiert ist und warum sie das alles für mich tun«, beschließe ich herauszufinden und passe Chino kurz vorm Schlafengehen ab.

»Chino!«, rufe ich. »Martin«, antwortet er. »Chino ...para qué todo eso?«»Wofür das alles?", frage ich.

«Acuestate", »Leg dich hin", wehrt Chino mich ab.

»Chino..quiero saber porque!« Ich will wissen warum! Sag es mir doch!

Chino schaut mich an, er ist müde und von meiner Fragerei genervt. Er zögert, dreht sich um, schaut, ob sein ältester Meister Don Humberto ihn sieht, und sagt knapp:

»Martin: vas a ser curandero con mucho éxito«. »Martin – du wirst ein sehr guter Heiler werden.« Mit diesen Worten ließ er mich allein.

BEHANDLUNG, BESTIMMUNG UND GLÜCK

Die Behandlung

»Martin, du musst ein wenig genauer schreiben, was du da siehst, vor allen Dingen muss klarer werden, was an dieser ‚spirituellen Medizin', wie du sie nennst, so außergewöhnlich ist«, sagt mein Co-Autor.

Es ist wieder Donnerstag – wieder Schreibtag.

»Es ist nicht einfach das aufzuschreiben, ich meine, das Phantastische an der Medizin ist das Einfache.«

»Dann beschreibe das Einfache.«

»Du hast gut reden. Kompliziertes lässt sich seitenlang beschreiben.«

»Martin, dann schreib halt, wie einfach die Medizin ist. Wie läuft denn solch eine Behandlung ab? Beschreibe doch mal eine energetische Behandlung – dann dürfte doch einiges klarer werden!«, sagt er.

»Die Behandlung ist ganz einfach. Der Klient kommt mit einem Thema, psychisch, physisch oder eine Mischung aus beidem. Wir reden zwei, drei Minuten darüber, dann kann ich schon die Energiestörung dazu sehen. Der Klient wählte einen Stein aus einer Menge an Steinen, die ich ihm zeige. Dieser Stein muss vom Gefühl her am ehesten seinem Problem entsprechen. Dann pustet der Klient sein Problem in den Stein, legt sich auf den Behandlungstisch und ich fange an, mit ihm zu arbeiten. So wie ich die Störung sehen kann, kann ich sie einfach wie Unkraut entfernen. Dadurch, dass die Quelle der Krankheit dann energetisch gelöscht ist, verschwindet auch das Problem.«

»Wie nimmst du denn die Energiestörung heraus? Mit einem Stein?«

»Nein, der Stein ist eine Art Energiespeicher, der das Thema des Klienten speichert und mich informiert. Steine sind sehr weise, Millionen Jahre alt und unterstützen den Heiler in seiner Arbeit. Der Stein wird dann auf das betroffene Chakra des Klienten gelegt. Zusätzlich sehe ich die Energiestörung und kann sie mit dem Atem und per Intention rauspusten. Ich fasse den Klienten nie an.«

»Wie, keine Diagnose, kein langes Vorgespräch über die Probleme, keine Mittel, einfach rauspusten?«, wundert er sich.

»Wenn man Energien sehen kann und lernt, Energiestörungen mit der eigenen Intention aus dem leuchtenden Energiefeld des Klienten zu löschen, dann ist das so einfach.«

»Das heißt also, die Leute kommen zu dir, erzählen dir ihr Problem (natürlich nur ein, zwei Minuten), dann pustest du das energetisch hinaus, und es ist verschwunden?«

Das, was verschwunden ist, ist auf jeden Fall die Energiestörung, die durch die Formulierung des Problems sichtbar geworden ist. Natürlich lässt sich nicht voraussagen, wie lange es dauert, bis das Problem verschwunden ist. Körperliche Probleme können Zeit brauchen, um sich zu verändern, da der Körper am Schluss der Kette Energie, Seele, Geist, Körper steht.

Der Weg der Naturkräfte ist ein Weg der Kraft. Es ist ein Weg der Natur. Es ist ja nicht der Energieseher, der den Klienten in den Kontakt zu seinen Naturkräften bringt, sondern es ist letztendlich der Klient selbst, der das tut. Der Energieseher »stößt« letztendlich nur diese Naturkräfte an.

El mundo energético doce

»Martin, Du wirst ein großer Heiler werden ...« dieser Satz ging mir nicht mehr aus den Ohren. Ich war wieder in Deutschland, hier in Köln Neu-Ehrenfeld in meiner Praxis. Wie wird man ein großer Heiler?, fragte ich mich. Überhaupt, was heißt das: »Du wirst ein großer Heiler werden«?

»Groß«, flüsterte ich vor mich hin. Es kamen mir Bilder von großen Heilern wie Joau de Deus in den Sinn. Dabei sah ich mich auf einer großen Bühne vor tausenden von Menschen, die allesamt von mir geheilt wurden. Bei diesem Bild fing ich an zu lachen. Das sind Popstar-Visionen, dachte ich.

Die Wünsche eines Teenagers, der endlich mal ganz groß sein will. Meinte Chino das?

Eine Fernbehandlung

Lars

Lars wird von seiner Frau vorgeworfen, dass er immer »zumacht« und dann unnahbar wird, wenn sie mit ihm spricht. Er selbst hat immer Angst, nicht zu genügen – nicht das zu bringen, was man von ihm erwartet. Das quält ihn, sagt er.

Wir legen auf. Fernbehandlungen funktionieren im Grunde genommen genauso wie Behandlungen vor Ort. Zuerst sprechen wir kurz über das Thema – der Klient pustet das Problem in den Telefonhörer, ich halte einen der Heilsteine an den Telefonhörer, damit er die Energie des Klienten aufnimmt. Dann legen wir auf und beginnen mit der Arbeit.

Dabei nehme ich den Stein in die Hand und spüre Lars' Energie, die wie eine Kopie nun als Information dort vorhanden ist. Ich schließe die Augen und per Intention befördere ich mich und Lars' Energiefeld in den »Behandlungsraum«, wo wir dann die Arbeit beginnen. Jegliche Änderung an Lars' Energiefeld im Behandlungsraum überträgt sich dann auch auf ihn. Lars wird mir danach davon berichten.

Ich schaue mir das Energiefeld von Lars an – es sieht aus, als ob es in der Mitte total schwarz wäre, wie ein Vulkan. In der Nähe des dritten Chakras, da wo der Solarplexus ist, sehe ich zwei Rohre, zwei Verbindungen nach draußen. Sie sehen aus wie Nabelschnüre. Sie führen zu zwei femininen Energien, zu zwei lebenden Frauen. Ein Energieseher spürt irgendwann, ob eine Energie weiblich oder männlich ist. Ich gehe entlang einer Schnur zu dieser Energie, und ich sehe das Bild einer sehr dominanten, aber liebevollen Frau, den alle umsorgenden Muttertyp. Die andere Verbindung geht zu einer etwas jüngeren Frau, auch dominant, streng. Ich trenne die Verbindung und beobachte, wie das Chakra in neuem Licht dreht. Es sieht schon viel heller aus.

Danach warte ich zwei bis drei Minuten, da sich das Energiefeld wieder ausbalanciert, und gehe erneut in das 3. Chakra – dieses Mal aber ein wenig tiefer. Es ist dunkel dort, sehr dunkel. Ich säubere es und kann im Nebel ein Podest sehen. Es ist gewaltig. Vielleicht 30 Meter hoch. Darauf steht Lars. Ich sehe Hände. Hände, die das Podest umschließen. Ich gehe von den Händen über die Arme weiter, löse dunkle Energien und sehe das Gesicht einer alten Frau. Sie ist verzweifelt, will sterben, ist verbittert, vielleicht sogar böse. Sie hat riesige Angst zu sterben.

Ich entferne das Podest, lösche die dunkle Energie und sehe, wie eine der getrennten Verbindungen »wiederkommen« will. Ich entferne nun alle dunklen, nebligen Restenergien in diesem Chakra. Die Verbindung verschwindet wieder.

Ich spreche mit der alten Frau, ob sie nicht endlich ans »Licht« will nach all den Jahren. Sie hat Angst. Sie beschimpft mich, schreit, ich solle mich davonschleichen. Ich biete ihr eine Zukunft in Licht und Liebe, eine bessere Zukunft als in Lars' Körper zu verweilen. Sie überlegt, zögert und willigt schließlich ein. Ich führe sie nun ans Licht und sehe, wie zwei Spirits zu Hilfe kommen, sie zärtlich nehmen und durch einen Lichtkanal nach oben ziehen. Das Chakra verwandelt sich nun in eine wundervolle, sich drehende Scheibe liebevollen Lichts.

Ich schaue auf die Uhr. 20 Minuten hat die Behandlung gedauert.

Lars ruft nun an und erzählt, was er erlebt hat. Da ist die Rede von tiefer Traurigkeit, die auf einmal verschwunden ist, davon, dass er Bilder von alten Menschen und Landschaften gesehen hat, die er nicht kannte. Warm fühlt sich sein Körper an, sagt er. Das könne er schon behaupten. Ruhiger ist er auch, sagt er.

»Na, dann warten wir einmal ab«, sage ich oft, denn die tiefen energetischen Veränderungen werden sich ihre Manifestationen im Außen suchen. Das ist sicher. Seine dominante Frau und die dominante Mutter waren ein Ergebnis der inneren Besetzung, die Lars in sich trug, nicht umgekehrt. Das Gesetz der Resonanz gilt immer.

Durch die Veränderung dieser Energie und der anderen Energien wird sich das Leben von Lars extrem verändern.

Vielleicht wird die Beziehung zu seiner Frau liebevoller, vielleicht entdecken beide ganz neue, schöne Seiten an einander. Es kann aber auch sein, dass sich beide von einander trennen. Denn die Affinität, das Kontrolldrama in Lars' Energiefeld, ist gelöscht, existiert nicht mehr. Wenn eine Trennung dem energetischen Prozess zugute kommt, dann ist sie auch gut so und völlig normal.

Fernbehandlung? Das soll funktionieren? Ja, wir hatten es in einem früheren Kapitel gelernt: Wir sind alle miteinander verbunden.

El mundo energético trece

Die Fragen nach den Sitzungen waren immer die gleichen: »Martin, wie kann es sein, dass es mir besser geht? Ich meine, ich puste mein Thema in einen der Steine, du rasselst ein bisschen, dann pustest du und dann sind meine Schlafstörungen weg. Das kann doch nicht so einfach sein – wie geht das? Wie machst du das?«. Das war eine Standardfrage nach jeder Sitzung.

Anfangs, als ich nur zwei bis drei Sitzungen pro Tag hatte, konnte ich danach darauf eingehen und viel über Heilmythologie, Energie, Licht und dergleichen sagen, aber nachdem die Anzahl der Behandlungen pro Tag stieg, ging gar nichts mehr. Ich musste die »Nachbearbeitung« kappen – ich konnte nicht mehr so viel über Hintergründe vermitteln. Zuerst empfahl ich Bücher, dann Filme und dann regte jemand an, doch ein Kurzseminar zu geben. Dort könnte ich doch »gesammelt« mal über die verschiedenen Energietechniken erzählen. Das war eine gute Idee.

Die Kurzseminare teilen sich immer in zwei Teile auf: Der erste Teil ist ein Infoteil, in dem ich über Energietechniken berichte, darüber, wie Heilung funktioniert, warum wir uns oft unwohl fühlen, vielleicht sogar krank sind oder werden, woher das kommt. Es geht um Energie, darum, dass wir alle miteinander verbunden sind, darum, wie einfach es ist, geheilt zu werden.

Im zweiten Teil des Kurzseminars führe ich immer eine Heilreise mit allen Teilnehmern durch. Dabei reist der Teilnehmer in der Vorstellung, in der eigenen Imagination, zu dem Zeitpunkt zurück, der den Ursprung seiner Krankheit zeigt, heilt das Trauma in der Vergangenheit und heilt dadurch seine Probleme im Hier und Jetzt.

Diese Heilreise kündige ich immer als Heilreise »light« an, da normalerweise diese Reise während einer Einzelsitzung und nicht in einer Gruppe durchgeführt und dann als viel tiefgehender erlebt wird. Die schwersten Krankheiten können mit dieser Art »Seelenrückführung« geheilt werden.

Es war an einem Samstag im April – ich hatte das Seminar schon -zig Mal gehalten. Die Teilnehmer lagen auf dem Boden und hatten sich für die Heilreise bereit gemacht, ihr »Thema« (die Krankheit, das Symptom, das Problem, psychisch oder physisch) innerlich formuliert und ließen sich nun von mir »führen«. Eine meiner Teilnehmerinnen half mir und begleitete die Reise mit rhythmischem Rasseln. Nach zehn Minuten schloss ich die Augen und konnte nicht fassen, was ich sah …

Auf zum Glück

Die so wichtige Säuberung unseres Energiekörpers ist ein tiefer energetischer Prozess.

Man kann den Energiehaushalt eines normalen Menschen mit einem dunklen See vergleichen, der voll von großen dunklen Säcken ist. Das sind unsere schwersten Themen.

Ich arbeite mit jedem Klienten zu Beginn höchstens drei Mal. Dazu muss sich der Klient auf seine drei schwierigsten Themen in seinem Leben (Krankheiten, Probleme, physisch oder psychisch) vorbereiten. Wir beginnen mit dem schwierigsten Problem, welches die anderen Themen oft mit beeinflusst.

Um bei obigem Bild zu bleiben, räumen wir quasi die schwersten Steine aus dem Fluss, bis der Fluss vom dunklen Zustand langsam trüb und dann immer heller wird.

Je mehr wir uns dieser energetischen Themen, der dunklen Flecken in unserem leuchtenden Energiefeld entledigt haben, desto mehr gelangen wir in die Bestimmung – zu unserem Lebensglück in allen Bereichen. Denn die energetische Heilarbeit verwandelt die eigenen Wunden in Quellen der Kraft, erlöst uns von altem Ballast, den wir nicht selbst loslassen konnten.

Naturvölker lehren uns, unsere Vergangenheit abzustreifen wie die Schlange ihre Haut. Der tiefe Sinn dieses Bildes liegt in der Geschwindigkeit. Die Schlange braucht nur einige Tage, um sich ihrer Haut zu entledigen – vielleicht sogar noch weniger.

Ich erlebe den Energieprozess der Klienten genauso schnell. Menschen mit tiefen Ängsten, Alpträumen, bohrenden Zweifeln, Problemen unterschiedlichster Art verlieren diese Themen in kürzester Zeit. Und das ganz entgegen unserem bisherigen westlichen Verständnis davon, wie lange wir brauchen, um von Krankheiten geheilt zu werden. In unserer westlichen Welt ist alles mit Leistung verbunden. Dementsprechend gewöhnen wir uns an einen langen, langen Genesungsprozess. In indigenen Kulturen sind langwierige Therapien überhaupt nicht vorgesehen. Das Problem wird gesichtet und einfach aus dem Energiefeld entfernt, einfach rausgepustet oder herausgenommen. Fertig.

Die Arbeit mit Kindern

Es ist gleich, ob ein Energieseher mit einem Kind oder einem Erwachsenen arbeitet. Denn der Energieseher arbeitet immer mit dem Lichtkörper – und der kennt kein Alter.

Im Institut fokussieren wir die Arbeit mit Kindern. Eine erfolgreiche Löschung einer energetischen Blockade kann eine große Weiche im Leben des Kindes stellen. Die Arbeit mit Kindern ist phantastisch, da Kinder noch sehr frei in Bildern von ihren Erfahrungen berichten können. Hyperaktivität, Neurodermitis, Nervosität, Schulprobleme, Trennung der Eltern, Leistungsdruck – mit solchen Themen kommen die Kinder zu uns, um nur einige wenige zu nennen.

Die Bedeutung einer energetischen Sitzung im frühen Kindesalter hat eine immense Auswirkung auf die Zukunft des Kindes. Stellen Sie sich das Leben eines Kindes mit einer ängstlichen Besetzung im Energiesystem vor. Das Kind wird im wahren Leben permanent Druck und Angst spüren – in der Schule, im Kindergarten, wo auch immer. Das Kind wird Vermeidungsstrategien entwickeln, um nicht dieser Angst zu begegnen. Es kann zum Beispiel sein, dass das Kind nie schwimmen lernt oder Fahrradfahren oder einfach immer schlecht in der Schule ist, weil es Angst hat. Die Folgen können verheerend sein. Deshalb kann man mit energetischen Sitzungen nicht früh genug anfangen, sobald Störungen auftreten.

Aber bitte: Es ist nicht so, dass immer Ahnenenergien Schuld an diesen Problemen sind. Oftmals sind es auch Energien innerhalb der Familie, die sich im leuchtenden Energiefeld des Kindes festsetzten. Wenn Mütter und Väter uns wegen Terminen für ihre Kinder fragen, bitten wir meist zuerst die Eltern zu einer Sitzung. Denn Kinder spiegeln zu 100 Prozent die Dramen der Eltern. Oftmals erleben wir, dass die ganze Familie geheilt wird, wenn ein Mitglied geheilt wurde.

Bestimmung heißt also, Glück in ALLEN Lebensbereichen zu erfahren, unsere Lebensaufgabe zu finden. Wenn wir innen rein sind, dann leben wir in Fülle, nicht im Mangel. Wenn wir innen rein sind, dann können wir nur Reines im Außen anziehen. Dann sind wir bereit, das zu erreichen, wovon wir träumen.

Unsere Vergangenheit abstreifen wie die Schlange ihre Haut – das klingt sehr reizvoll. Glauben Sie mir, es ist so einfach. Und damit komme ich auch zurück auf mein so spärliches Vorwort. Denn für Schwere im Leben haben wir keine Zeit mehr. Wie bedauerlich ist es, wenn man sich über Jahrzehnte mit einem Dauerzustand abplagt, von ein- und demselben Problem gequält wird, von dem immer wiederkehrenden Dämon besetzt ist – und dadurch von der Arbeit an der Erfüllung seiner eigentlichen Träume, seiner Lebensaufgabe, seines Glücks abgehalten wird. Wir haben keine Zeit mehr. Es eilt.

Ein Leben dauert mehrere Jahrzehnte. Eine energetische Behandlung dauert etwa 30 Minuten und bedarf keiner Abhängigkeit. Denn was weg ist, ist weg. Noch einmal und ein letztes Mal: Ich habe es selbst vorher nie für möglich gehalten – und es wirklich erlebt.

Sie sollen Ihr Leben Ihr Leben lang leben. In vollkommenem Glück. In Ihrer Lebensaufgabe. Dafür sind Sie auf dieser Welt und von der Natur gemacht. Sie bestimmen allein durch den Grad Ihrer energetischen Verbesserung, wie das Glück Architekt Ihres Lebens wird und es positiv organisiert und verändert. Denn nur, wenn Sie wirklich gesund werden, können Sie auch Gesundes, Helles, Reiches anziehen. Ihr Glück findet Sie dann vollkommen automatisch durch Zeichen, die Sie nicht mehr übersehen können.

Die Natur ist generös. Mangel ist überhaupt nicht vorgesehen – nur Wachstum. Sie ist Licht, Liebe, Leben. Darin besteht meine Mission, das ist der Zweck dieses Buches. Deshalb ist eigentlich heute der erste Tag vom Rest Ihres Lebens.

Glauben Sie mir, Sie werden die spannendste Reise antreten, die Sie je erlebt haben. Und das Spannendste an dieser Reise sind Sie selbst! Verlieren Sie keine Zeit.

El mundo energético catorce

Ich öffnete die Augen und schloss sie wieder. Ich konnte immer noch nicht glauben, was ich sah: Ich sah »Lichtkörper« – die Lichtkörper der Teilnehmer auf dem Boden. Aus ihrem Lichtkörper, der manchmal dunkler, dann wieder heller, dann wieder dunkler war, stiegen wie Lichtstrahlen »Energiesäulen« zum Himmel.

In dem Raum, den ich mit geschlossenen Augen sah, gab es keine Wände, keine Türen, keinen Boden. Nur Energie. Ich zählte die Anzahl der Lichtstrahlen aus den Körpern der Teilnehmer: »Eins, zwei…elf, 49…wow!«

Ich öffnete die Augen, um zu überprüfen, ob die Lichtkörper wirklich auf den physischen Körpern zu finden waren. Es stimmte.

Mir lief Schweiß den Rücken hinunter. Selbst mir war die Entdeckung unheimlich. Dennoch konnte ich nicht davon lassen, die Augen wieder zu schließen. Und da sah ich sie wieder: die Lichtkörper der Teilnehmer, die Lichtstrahlen nach oben zum Himmel.

Damit aber nicht genug: Um die Lichtkörper schienen sich Lichtwesen zu bewegen und bei einer Teilnehmerin schienen sie eine »Lichtoperation« durchzuführen. Sie »holten« quasi dunkle Energie aus den Chakren einer Teilnehmerin heraus.

Ich öffnete die Augen und dachte: »Martin, jetzt wirst Du wahnsinnig!«. Ich schloss die Augen wieder und plötzlich war der ganze Raum voller Heilwesen, voller Spirits, die dabei halfen, die Teilnehmer entlang ihrer Themen zu heilen. Ich zählte über 120 Spirits, sozusagen Ärzte aus der Lichtwelt, die mich während der Gruppenreise unterstützten.

Seitdem weiß ich, dass ich Großsitzungen durchführen und als Heilmedium arbeiten kann. Ich hatte eine neue Heilerstufe erreicht.

Deswegen heißen die Seminare nun »mediale Heilreisen«, und nach diesem Erlebnis verstand ich ein bisschen mehr, was Don Chino damals meinte, als er mich verabschiedete.

Wenn das Glück zu uns kommt: Vision

»Wir haben mehr Angst vor dem Licht, als vor unserer Dunkelheit«, hat mal jemand gesagt. Wie vorher schon erwähnt, sind die meisten von uns Glücks- und Bestimmungsverweigerer.

Wenn Klienten die schwersten Wunden in ihrem Leben heilen lassen, dann verändert sich das Leben im Außen meist extrem. Freunde, die nie welche waren, verabschieden sich ganz von selbst, neue Freunde kommen hinzu, Schulden werden weniger, ein neuer Job wird angeboten, ein neuer Partner findet uns, ein neuer Wohnort ebenso. Unglaubliche Dinge können entstehen, kommen in den Fluss, wenn wir unseren Ballast, unsere Ängste, unsere Sorgen, unsere schwarzen Flecken loswerden.

Und dann klopft das Glück an unsere Tür, und die meisten begegnen ihrem größten Thema, ihrem größten schwarzen Fleck: Der Angst, das Glück anzunehmen, »ja« zu sagen zu der Veränderung, die es bringen wird. Ja zu sagen zu der Reise, auf die wir uns begeben müssen.

In der Tat: So schlecht alles früher war, so sehr hatten wir uns auch an all das gewöhnt. An die Angstvermeidungsstrategien, an die Gespräche mit unseren Freunden, wie schlimm doch alles ist, an das »Ringen« um Aufmerksamkeit, weil wir es ja am schlimmsten von allen haben. Wir haben uns an die stinkigen Zigaretten gewöhnt mit vollem Bewusstsein, dass Rauchen schädlich und man als Raucher irgendwie ein Idiot ist. Wir haben uns an das Wohnviertel mit den dunklen Gesichtern oder spießigen Nachbarn gewöhnt, an die täglichen Anrufe der Mutter, die nicht loslassen kann, an den dominanten Chef, an den langweiligen Partner, selbst an das schlechte Wetter. Und für manche hat Heilung auch finanzielle Konsequenzen: Es kann nämlich sein, dass man durch das Gesundwerden wieder arbeitsfähig wird – stellen Sie sich das mal vor.

Viele Klienten kommen zu uns mit diesem letzten Thema: der Angst, nun endlich in das frische reißende Wasser des Lebens zu springen. Denn auch das ist einfach nur ein Thema und kann durch eine energetische Behandlung bearbeitet werden. Und wenn diese Angst verschwunden ist, dann machen wir automatisch die Tür auf für den frischen Duft des Sommerwindes, der uns in die Arme nimmt und in eine paradiesische Zukunft voller Glück führt.

Lebensaufgabe. Bestimmung. Glück.

Wie oben schon erwähnt, werden wir alle mit einer energetischen Lebensaufgabe in diese Welt geboren, die es zu erfüllen gilt. Das ist der Grund unserer Suche im Leben und das, was uns an der »Realisierung« dieses Vertrages aufhält, sind unsere energetischen Störungen, unsere schwarzen Flecken.

Wenn diese zu einem großen Teil gelöscht sind, wird dieser Vertrag aktiver, er kann sich im Außen zeigen, realisieren, manifestieren. Dann erkennen und fühlen wir unsere Bestimmung, und zwar deswegen, weil die Suche auf einmal aufhört, weil sich unser Leben »richtig« anfühlt. »Richtig« im Sinne von liebevoll, ganz, in Fülle. Was heißt das nun konkret? Wie kann sich die energetische Lebensaufgabe im wahren Leben zeigen?

Eingangs haben wir die Übung gemacht, sich vorzustellen, wie unser Leben in allen Bereichen Beruf, Partnerschaft, psychische Gesundheit, physische Gesundheit wäre, wenn es kein »Ja, aber« gäbe. Die Leser, die diese kurze Vorstellungsübung gemacht haben, werden festgestellt haben, dass die Vision paradiesisch war.

Und genau das beinhaltet die Lebensaufgabe rein »energetisch« – ein Leben im Paradies, ein Leben in Fülle. Mehr geht nicht.

Welcher konkreter Job dann auf uns zukommt, wie der zukünftige Partner dann ist, wie viele Kilos wir dann auf die Waage bringen, wie psychisch fest wir dann sind – all das wird sich dann zeigen. Nur eines ist sicher und wir können dem vertrauen: Die Natur, das Universum wird uns mit all seinen Kräften unterstützen.

Manche Klienten erleben die Veränderung in ihrem Leben als sehr dramatisch und das auch noch mit hoher Geschwindigkeit. Beim Übergang von unserem bisherigen mittelmäßigen Leben in ein geheiltes Leben kann das dunkle Haus, in dem wir gelebt haben, sehr schnell zusammenbrechen. Diese Übergangsphase kann schmerzhaft sein, da viel Altes verschwinden will. Das kann sich körperlich, seelisch und auch in den äußeren Dingen zeigen. Manche, die dann in der Umbauphase ihres Leben stecken – und noch einmal: alles passiert von selbst, wir müssen nichts aktiv tun – beklagen eine erste Verschlimmerung, die aber ganz normal ist.

Wenn neue Klienten zu uns kommen, fragen wir immer, so verrückt das auch klingen mag, ob sie für das Abenteuer »neues Leben« überhaupt bereit sind.

Wer kommt nun zu uns?

Es kommen die, die den Mut haben, den eigenen Themen tief ins Auge zu schauen. Entgegen der Meinung, dass der Energieseher die letzte Chance ist (»Na, wenn all das schon nicht hilft, dann versuch's mal damit«), kommen die wenigsten mit schweren akuten körperlichen Krankheiten. Diesen Menschen ist ohnehin eine ärztliche Betreuung angeraten, da die energetische Behandlung keinen Ambulanzcharakter hat – sie ist etwas Langfristiges – keine »schnelle« Behandlung von körperlichen Problemen.

Dementsprechend kommen zu uns Menschen aus allen Lebensbereichen mit allen möglichen Themen: Der Abteilungsleiter, der Probleme mit seinen Mitarbeitern hat. Die Krankenschwester, die immer bei ihrer Chefin aneckt. Die Schauspielerin, die nicht weiß, warum sie immer traurig ist. Die Frau, die immer noch unter der dominanten Mutter leidet. Der Unternehmer, der sein Unternehmen nicht loslassen kann. Der Vertriebler, der kein Geschäft macht. Der Autohändler, der keine Autos verkauft. Die Lebensberaterin, deren Praxis leer ist. Menschen, die immer den gleichen Typ Partner kennen lernen oder einfach Menschen, die Angst vorm Leben haben.

Es kommen Menschen zu uns, die zwanghaft materialistisch, also besitzabhängig sind – sie sind »besessen« davon – und die damit verbundene, in unserer Konsum- und Kreditgesellschaft weit verbreitete Verlustangst haben. Erwachsene mit Schlafstörungen und Kinder mit allen möglichen Symptomen.

Mit sich und allem in Trennung leben

Die meisten leben mit sich und allem in Trennung. Wir haben oft Anfragen von Menschen, die einfach nur ihre »Krankheit« loswerden wollen, da sie durch eine Empfehlung auf uns gekommen sind. »Wir sind keine Ärzte, wir behandeln keine Krankheiten«, sagen wir dann, wir arbeiten auf der energetischen Ebene und versprechen können und dürfen wir auch nichts. Wenn aber energetische Störungen verändert werden, dann wird sich Ihr Leben auch ändern, das geht gar nicht anders.

Den wenigsten ist der Zusammenhang von innerer Energie, Seele, Geist, Körper und äußerem Umfeld klar. Wird an der inneren Energie gearbeitet, hat das automatisch Konsequenzen in allen Lebensbereichen. Die meisten trennen den Körper von der Seele (»ist ja alles nur psychisch«) und bringen ihr äußeres Leben nicht mit der inneren Heilung in Zusammenhang.

Es gibt so viele Menschen, die zwar ihr Thema heilen wollen, aber große Angst davor haben, einfach loszulassen, Angst davor, was dann passieren wird. Und genau diese Angst, das Misstrauen in unsere innewohnende Führung ist es, die uns krank macht. Die Angst davor, dem Leben zu vertrauen und damit sich selbst. Lassen Sie die Angst heilen, dann landen Sie wieder im warmen Schoß von Mutter Erde, die Sie dann sicher führen wird.

Zufrieden Unzufrieden

Die meisten Leser, auch Sie, werden wahrscheinlich bei der Lektüre dieses Buches feststellen, dass sie im Grunde genommen ja gar nicht krank sind. Irgendwie ist doch alles in Ordnung, werden Sie sagen. Vielleicht stimmt das auch. Aber glauben Sie mir, aus meiner Erfahrung ist dieses »Irgendwie geht´s mir doch gut« das tückischste Gefühl, welches man haben kann. Das ist nämlich genau das Niveau an Lebensqualität, in dem wir uns irgendwie mit allem abfinden, ja akzeptieren, dass es okay ist, so wie wir leben. Aber ist es das wirklich? Während meiner Seminare frage ich die Teilnehmer, ob sie sich selbst unter folgenden Aussagen wiedererkennen:

»Mein Job ist ganz okay, er bringt Geld, ist sicher … klar, am liebsten würde ich Bücher schreiben oder mit meiner Kunst, mit Musik, mit Fahrradfahren, mit Fischen oder mit was weiß ich mein Geld verdienen, aber …«

»Meine Partnerschaft ist ganz okay, klar, man kann nicht alles haben, aber …«

»Gesund fühle ich mich eigentlich auch, abgesehen davon, dass ich ab und zu Rückenschmerzen habe, nervös bin, angespannt bin, mich gehetzt fühle, aber das ist ja heutzutage normal …«

Bei den meisten Menschen, die so leben, »plätschert« das Leben so vor sich hin, mal gibt es »Hochs«, vielleicht durch eine neue Liebe, vielleicht einen Motivationsschub durch einen neuen Job, aber wenn »das Neue« vorbei ist, dann plätschert es erneut vor sich hin. Keine Entwicklung, aber dennoch permanent Unzufriedenheit und das lästige Thema der Suche – endlich das zu finden, womit man glücklich wird.

Wenn Sie sich in diesen Beispielen nur ein wenig wiedererkennen, dann haben Sie schon einen Fundus an Themen gefunden, die energetisch bearbeitet werden können.

Was kommt dann?

Dann kommt die Schöpfung. In diesem Status haben wir eine hohe innere Reinheit erreicht. Der Kampf und die Suche sind fast beendet und wir entdecken zwei unglaubliche Dinge: Wir sind Schöpfer unseres Lebens und wir werden durch ungeheure Kräfte unterstützt.

Auch darüber gibt es unglaublich viele Bücher: Darüber, dass wir entscheiden können, glücklich zu sein, Wunschbücher wie »Die Kraft ist in uns« usw.. Alles richtig.
Ich weiß nicht, wie es Ihnen nach der Lektüre dieser Bücher gegangen ist, aber ich war beim Lesen immer sehr begeistert, weil alles so klar und logisch war. Meistens habe ich vor dem Schlafengehen gelesen und bin dann zufrieden und den Kopf voller toller neuer Inspirationen eingeschlafen. Aber beim Aufwachen war all das verschwunden, all die weisen Sätze und Worte.

Der Alltag, das wahre Leben ist anders. Ich fühlte mich mit steigender Anzahl an Lektüre dieser »Lebensberater-Bücher« immer ohnmächtiger und hilfloser. Sagen Sie mal einem depressiven Menschen mit schweren Energien in sich, dass er Schöpfer seines Lebens ist. Damit erzeugt man höchstens Schuldgefühle, mehr nicht.

Denn die »innere« Säuberung, das energetische Befreien von Ballast kam nirgendwo vor, geschweige denn als Tool oder Methode, sich der eigenen Probleme wirklich und nachhaltig zu entledigen.

Ich hatte das große, große Glück, altes energetisches Wissen wiederzufinden, oder besser: Es ist zu mir zurückgekommen.

Dieses Wissen schlummert in jedem von uns. So wie das Lebensglück auf uns wartet.

Meine Bestimmung ist es, dieses Wissen zu verbreiten und damit Menschen in ihre Glückslinie zu bringen. Woher weiß ich das? Weil ich es mit äußerster Freude und Hingabe tue.

Lassen Sie Ihr Glück, Ihre Bestimmung auf sich zukommen. Die, die Ihr ganzes Herz in das geben, was sie tun, werden durch unglaubliche Kräfte in der Realisierung unterstützt. Dann haben Visionen, wenn sie von Herzen kommen, wirklich Kraft.

Sie können jetzt schon dieses kleine Buch zur Seite legen, morgen werden Sie mit Ihrem Alltag konfrontiert. Es gibt aber einen Unterschied: Sie wissen, dass es eine Chance, dass es nun eine Möglichkeit gibt, Ihre Wunden in Quellen der Kraft zu verwandeln. Das Glück kommt dann automatisch auf Sie zu. Trauen Sie sich einfach.

El mundo energético quince

Es verging mittlerweile kein Abend, an dem in nicht Kontakt mit den Naturkräften aufnahm. Ich reiste den Lichtstrahl entlang, an den Sternen vorbei, am Mond vorbei. Der Spirit öffnete mir die Tür und dann sah ich den wunderschönen, mit Edelsteinen geschmückten Raum.

Auf jeden Fall erklärten sie mir die Übertragung der Seherriten und dass ich dazu befähigt sei, anderen das »Sehen« von Energien zu zeigen und beizubringen.

Im Laufe der nächsten Wochen entwickelte ich meine Energieschule.

Der, der den Weg des Herzens geht, der sein Herz in das einbringt, was er tut, wird vom ganzen Universum unterstützt. Denn die Hilfe der Naturkräfte ist unendlich. Du rufst die Naturkräfte und die Naturkräfte antworten – immer.

Ich war von meinen Fähigkeiten derart begeistert, dass ich in Höhenflüge ausbrach. Ich hatte ein einzigartiges Geschenk in mir. Und ich erreichte von Mal zu Mal immer neue energetische Stufen. Waren es am Anfang die Erfolge in den Sitzungen, dann die Arbeit mit den Naturkräften während der Sitzungen, dann die Großsitzungen … ich war einfach begeistert, und ich beschloss, eines Tages eine Zeremonie zum Dank zu machen.

Von den Naturkräften kam nur zurück: »Danke, aber nimm dich nicht immer so wichtig und mache darüber mal eine Sitzung mit einem deiner Teilnehmer.«

‚Das wird ja immer schöner hier …'. Ich war geschockt. Die Naturkräfte forderten mich ständig heraus. Ich soll mich selbst von meinen Teilnehmern behandeln lassen? Darüber, dass ich mich selbst zu wichtig nehme?
Okay. Keine Gegenfrage. Ich tat es einfach. Während eines Kurses fragte ich eine Teilnehmerin, ob sie Lust hätte, mit mir zu arbeiten. Die Teilnehmerin war sehr verwundert und willigte ein. »Das geht doch nicht«, kam von meinem Ego. »Du kannst dich doch nicht auf die Ebene des Teilnehmers herunterlassen«, sprach es weiter.

Die Naturkräfte mischten sich ein: »Dafür gibt es drei Gründe. Der erste ist: Es ist nun an der Zeit, dein Ego zu verlieren. Der zweite ist: Es ist an der Zeit, alle Trennung in deinem Leben aufzugeben. Es gibt keinen Lehrer. Es gibt keinen Teilnehmer. Wir lernen alle voneinander. Der dritte ist: Wenn die Schule wirklich groß werden soll, dann geht das nur, wenn du auch die besten Heiler ausbildest. Beweise es, indem du dich selbst von ihnen behandeln lässt.«

Ich hatte lange gezögert, es zu tun. Danach aber war ich frei. Ich hatte kein Ego mehr. Ich hatte den Ego-Trip verlassen. Jeder Absolvent der Energieschule ist ein sehr guter Energieseher.

An die Naturkräfte

An die Kräfte des Südens,
lehrt uns den Widerstand gegen das aufzulösen, was ist. Lehrt uns in der leidvollen Schwere den Weg der Annahme zu erkennen. Lasst uns erkennen, dass in jedem »ja« zu allem unendliche Schönheit und Kraft zu finden ist. Lehrt uns, unsere Wunden in Quellen der Kraft zu verwandeln.

An die Kräfte des Westens,
lehrt uns den Weg der Intuition und Intention. Erhellt mit Eurer Kraft diesen Ort des Ganzwerdens und nährt den Frieden in und unter uns. Lehrt uns, Vergangenes anzunehmen und loszulassen. Zeigt uns den Weg hinter Leben und Tod.

An die Kräfte Nordens,
Ahnen, Eltern und Großeltern, das Wissen aller, die vor uns gelebt haben. Bitte verbindet uns mit Eurer Weisheit, die unsere Intuition stärkt. Flüstert zu uns, lasst die Bäume, die Pflanzen, die Tiere mit uns durch den Wind sprechen. Lehrt uns, die Zeichen im Außen zu lesen und zu deuten. Lehrt uns, auf unserem Weg zu bleiben.

An die Kräfte des Ostens,
Große Vision, nimm uns mit in Deine Welten und zeige uns Möglichkeiten im Leben, die wir noch nie zu träumen gewagt haben. Lehre uns den Weg der Vision im Kleinen und im Großen. Lehre uns, von ihr getragen zu werden

Mutter Erde, wir sind Teil von Dir. Lehre uns das Gesetz des Energieflusses. Lehre uns zu geben, damit wir empfangen können. Zeige uns, dass wir mit allem und jedem verbunden sind, dass es Trennung nicht gibt. Lehre uns Verantwortung für alle Lebewesen, die Pflanzenwelt, die Tierwelt und die Steinwelt zu übernehmen. Lehre uns, auf Dir in Weichheit und Fluss zu wandeln.

Vater Sonne, Großmutter Mond, an alle Sterne. Zeigt uns Eure Größe, Eure Weite und Kraft. Lehrt uns den Blick auf den unermesslichen Raum zu richten, den wir auch in uns haben. Lehrt uns, in diesem Raum wahre Stille zu erleben. Lehrt uns den Weg der Liebe.

2. Teil – im Jetzt!

Martin: »Bist Du erleuchtet«, fragt eine Seminarteilnehmerin. »Erleuchtet«, denke ich und frage mich, was sie sich darunter wohl vorstellt.

Vor-Stellung kommt von etwas Vor-Gestelltem. Dem Leben Vor-Gestelltem.

Die Frage nach ihrer Vor-Stellung von Erleuchtung stellte ich ihr nicht. Aber eine Antwort auf den fatalen Mechanismus des ewigen »sich Vorstellungen Machens« gebe ich in den nächsten Absätzen.

Dunkler Druck

Seit Monaten kocht da was in mir. Und heute, Sonntag, der 30. September, scheint der Tag zu sein, an dem sich nun das zeigt, was ca. neun Monate ganz werden musste. Jetzt ist es so weit und ich bin selbst erstaunt, wie die Wörter durch mich in meine Hände, in die Tastatur fließen. Draußen ist es ausnahmsweise wieder wärmer und mir kommt der Inhalt meiner gerade abgeschlossenen »Zum Glück Tour« in den Sinn, in dem es auch um das Thema Prophezeiungen und Klimawandel ging.

Als ich damals das Buch geschrieben habe, hatte ich mir geschworen, nie mehr ein Buch zu schreiben. Es ist einfach sehr viel Arbeit und vieles lässt sich nur schwer in Worte fassen. Aber das Schlimmste ist: Die Leser nehmen einen beim Wort.

Was einmal geschrieben steht, steht. Keine Veränderung ist dann mehr erlaubt. Das war einer der Hauptgründe, warum ich nicht mehr schreiben wollte: Einerseits lernt man in der Energieschule die Vergangenheit hinter sich zu lassen, andererseits produziere ich in Form eines Buches etwas, was nicht vergänglich ist und irgendwann in einem Bücherschrank auf ein erneutes Hervorholen wartet. Selbst in 50 Jahren werden noch die »stark« verkopften Kritiker dieselben Fragen stellen. Wegen meines Buches.

Ich schreibe dennoch weiter. Ich erweitere das »alte« Buch. Und das hat einen Grund: Es macht wach und die Menschen macht es neugierig auf die Energieschule, in der man wieder »lernt« eins und ganz zu werden. Denn eigentlich geht es darum: Wir müssen wieder etwas lernen, was wir irgendwann einmal verlernt haben: Das Wissen um die eigenen Naturkräfte ist das, was in der Energieschule wieder zurückkommt.

Schön Dunkel – Irgendwo am Bodensee I

Mein Körper fühlt sich schrecklich an. Irgendwie, als ob man an mir zerren würde. Ich sitze in einem Café und schaue an einem Mast vorbei auf den See, der voll von kleinen Booten ist.

»Blöder Mast«, denke ich und bemerke, dass die Tische ungeschickt aufgestellt sind. Nämlich so, dass man immer schräg auf den See an diesem Mast vorbei schauen muss. Ich stehe auf und verrücke den Tisch, so dass er parallel zum See steht.

»Ach«, seufze ich, endlich kann ich besser sehen. Ohne Mast.

Irgendwie schauen mich die Leute hier an, bemerke ich. Die haben alle Sonntagskleidung, Anzug mit Schlips, selbst die Kinder sind sehr klassisch angezogen. Nur ich nicht, ich habe ein orangfarbenes Shirt ein. Das hat mir mal ein Teilnehmer geschenkt, selbst gemalt mit einem Mandala drauf. Mit dem T-Shirt fühle ich mich hier wie ein Alien und Aussätziger, den pfeiligen Blicken der Leute ausgesetzt. Selbst die Kinder finden mich mit dem Shirt wahrscheinlich zu kindisch.

Fünf Minuten später erscheint eine Dame, wahrscheinlich die Chefin der anderen, in schwarzen Kostümen gekleideten jüngeren Bedienungen.

»Na, Sie haben es sisch abba gemütlisch gemacht......isch abba kein Problem«, und lacht verkrampft.

Schön klar – die Wurzel allen Übels: Die dunklen Flecken

Ich habe im ersten Teil des Buches schon beschrieben, dass der Mensch nicht nur aus einem materiellen, manifestieren Körper besteht, sondern von einem Energiekörper bzw. Lichtkörper umgeben ist. Und nicht nur das: Der Licht- / Energiekörper durchdringt den physischen Körper.

Bitte mache doch folgende Übung, um dich von Deinem Energiekörper zu überzeugen: Versuche einmal mit der rechten Hand die »äußere« Schicht des Energiekörpers zu ertasten. Strecke die Hand dabei aus und bewege sie nun ganz langsam mit der Handinnenfläche zum Herzbereich des Körpers. Achte bitte darauf, wie sich die Hand während der Bewegung anfühlt, vor allen Dingen beachte das Gefühl in der Brustgegend. Spürst Du Widerstand, Dein Herzklopfen, Wärme, Kälte? Die meisten Menschen spüren in einem Abstand von ca. 30 cm einen leichten Widerstand im Körper.

Wenn Du nichts spürst, dann bitte ich Dich, die Übung sehr langsam zu wiederholen. Die meisten versuchen nämlich am Anfang der Übung »vom Kopf her« etwas zu spüren. Wir kommen später noch dazu, aber nun kurz: Sobald der »Kopf« mit seinem Denken und seinen Erwartungen »dazwischen« ist, spüren wir gar nichts.

Wenn Du etwas spürst, dann ist der gefühlte Widerstand ein erster Hinweis auf einen dunklen Fleck.

Schön dunkel – Irgendwo am Bodensee II

»Na, Sie haben es sisch abba gemütlisch gemacht...«, klingt noch in meinen Ohren, und ich beobachte sie wie sie sich von meinem Tisch entfernt. Ihre Körperhaltung sieht nach Wut aus. Dabei erinnert sie mich an diese strenge Erzieherin Fräulein Rottenmeier aus Heidi. Zumindest geht sie so, und die Stimme ist auch fast gleich.

Ich muss tief atmen. Mein Körper fühlt sich immer mehr wie Blei und Gummi zugleich an. Hinzu kommt noch die Sonntagsstimmung und gegenüber sitzt eine elitäre Familie mit Kindern, die wie kleine Mozarts aussehen – zumindest so, wie Mozart auf den Bildern gemalt wurde. Die Kinder scheinen auf mein T-Shirt neidisch zu sein. Sie schauen immer, dürfen aber nicht vom Tisch aufstehen, weil es ihre Mutter, eine andere Frau Rottenmeier, Rottenmeier 2, nicht erlaubt. Einem der Kinder kann ich ein Lachen entlocken. Mein Körper wird dadurch leichter. Das Lachen verschwindet aber wieder aus dem hübschen Gesicht des Mädchens, weil seine Mutter will, dass es den Teller leer isst. Die Mutter guckt nun auch zu mir rüber. Dabei fühle ich mich mit ihren Blicken bestraft. Ja, sie ist Frau Rottenmeier 2. Mein Körper tut wieder mehr weh.

Schön klar – Woher kommen die dunklen Flecken im Energiefeld?

Wie Du bei der Übung vorher bemerkt hast, gibt es das Energiefeld, welches unserer physischen, »wahren« Körper umgibt.

Eine weitere Übung ist, Menschen zu beobachten. Teile die Menschen in »die mag ich« – »die mag ich nicht« ein.

All die Menschen, die Du nicht magst oder weniger magst, aktivieren in Dir einen Widerstand – und damit einen dunklen Fleck. Warum das so ist, wird auch später erklärt.

Aber wie entsteht nun solch ein dunkler Fleck im Energiefeld?

Schön dunkel – Lachen am Morgen bringt Kummer und Sorgen

Ich beobachte Frau Rottenmeier 2, mein Blick schweift wieder zu dem Mädchen und ich kann gar nicht anders: Ich fühle mich in diesem Moment ca. 35 Jahre zurückversetzt, und in meiner Erinnerung lande ich am Frühstückstisch meiner Eltern. Ich bin 5 Jahre alt und schon morgens ziemlich lustig.

Mein Vater liest Zeitung und ich versuche immer den hinteren Teil der Zeitung zu lesen, um meinem Vater verkehrt herum vorzulesen. Ich finde das total lustig. Dadurch, dass hinter meinem Vater eine Lampe ist, kann ich sogar durch die Zeitung schauen und seinen Text lesen. Dabei lese ich von hinten nach vorne und das ganz laut. »siettalg ierfluhcs«, lese ich laut vor und gackere wie ein Huhn.

»Pssscht!«, zischt mein Vater hinter der Zeitung. Und es ist wieder still in der stillen Küche. Meine Mutter sitzt rechts und schlürft ihren Kaffee und schaut aus dem Fenster hinaus in den Garten. Sie kann nicht sehen, dass ich ihr mindestens 20 Süßstoffpillen in den Kaffee tue und übersetze mit Freude die Titelzeile: »!siettalg ierfluhcs – Schulfrei Glatteis! Heißt das« – »Wir haben schulfrei!!! yipiyehhhhhh«!

Stille. In mir ist Spannung. Ich warte darauf, dass Mutter nun endlich diesen Kaffee trinkt. Nun tut sie es, zieht das Gesicht zusammen, so als ob sie in eine Zitrone gebissen hätte.

Ich fange wieder an zu lachen und zu gackern.
Meine Oma sitzt auch mit am Tisch und schaut ganz sauer: »Lachen am Morgen bringt Kummer und Sorgen«, entweicht es prophezeiend, ja fast drohend ihrem Mund. Ich zucke zusammen.

Mein Körper zuckt zusammen vor Schreck und ich höre auf zu lachen.

Kurz höre ich auf lustig zu sein. Wieder diese Stille. Ich nehme das Ei, lege es in den Eierbecher und stelle mir vor, es wäre Küken darin. Ich halte das Ei an mein Ohr und höre das Küken schon ein wenig gackern. Zumindest stelle ich mir das so vor. Lustig finde ich das. Sehr lustig, und fang wieder selbst an zu gackern und zu lachen.

»Lachen am Morgen bringt Kummer und Sorgen«, entweicht es erneut strafend dem Mund meiner Oma.

Mein Körper zuckt zusammen vor Schreck und ich höre auf zu lachen.

Und mein Lachen wird zu einem sich Schämen. Dabei war doch alles so lustig, denke ich.

Vielleicht waren meine Witze nicht lustig genug, denke ich, und versuche es am nächsten morgen mit anderen Streichen und Späßen.

Aber irgendwann zischt es immer »Lachen am morgen bringt Kummer und Sorgen«. Mein Geist merkt sich das, mein Körper zuckt kurz zusammen und irgendwann habe ich dann aufgehört morgens zu lachen.

Drei Jahre später hatte ich tagsüber einen schweren Unfall. Ich wurde von einem Stein fast erschlagen.

Wahrscheinlich hatte Oma Recht, ich hatte morgens einfach zu viel gelacht. Schön dunkel.

Schön klar – Wie entsteht nun solch ein dunkler Fleck im Energiefeld?

Die meisten dunklen Flecken entstehen in der Kindheit bzw. Jugend. Es sind die Reaktionen des Körpers auf Erlebnisse, die einen schwarzen Fleck entstehen lassen.

Wiederholung der gleichen Verbote, Glaubensätze, aber noch schlimmer: Die unausgesprochenen Dinge zwischen Menschen lassen solche Flecken im Energiefeld und damit im Körper entstehen.

Dabei bildet sich der dunkle Fleck nicht durch das Erlebnis »an sich«, sondern vielmehr durch die Reaktion auf das Erlebnis.

Das ist zunächst sehr schwer zu verstehen. »Aber ich habe doch das Erlebnis gehabt«, werden einige Leser sagen. Das stimmt auch, aber es nicht der »Inhalt«, die »Geschichte« des Erlebnisses, sondern die körperliche Reaktion darauf, die sich der Körper merkt.

Nehmen wir einmal an, Deine Mutter ist eine sehr ängstliche Mutter.

Was ist aber Angst? Wikipedia.de liefert eine Definition dazu: »Angst...ist urverwandt mit lateinisch »angustia«, die Enge, und »angor«, das Würgen.

Mit der Angst ist also eine Enge gemeint, also ein körperliches Gefühl.

Kommen wir zurück zu dem Klingelbeispiel. Nehmen wir an, Du hättest oft ein solches Klingeln erlebt, als Du neben Deiner Mutter standest.

Zum Zeitpunkt des Klingelns erschreckt sich Deine Mutter, d.h., ihr Körper zuckt zusammen und verengt sich. Das ist die erste Reaktion. Dann fängt sie an zu phantasieren, eine Geschichte zu entwickeln, wer denn da an der Tür sein könnte. Zuerst ist also immer die körperliche Reaktion und DANN die Geschichte, die Inhalte bzw. die Phantasie.

Wenn Du als Kind dieses Klingeln an der Haustür neben Deiner Mutter miterlebst, dann »kopiert« Dein junger Kinderkörper die Reaktion Deiner Mutter auf das Klingeln. Und wenn Du diese Situation ganz oft miterlebst, was in frühem Kindesalter wahrscheinlich ist, dann konditioniert sich der Körper und reagiert bis zum letzten Tag Deines Lebens mit einer Kontraktion. Immer wenn es klingelt. Egal wo. Du hörst ein Klingeln und Dein Körper verengt sich. Du hast damit einen schwarzen Fleck übernommen.

Deine Mutter kann nichts dazu, wahrscheinlich hat sie ihren schwarzen Fleck von ihrer Mutter, die vielleicht eine Nachkriegmutter war und vor jedem Fremden einfach »Enge im Körper hat«, d.h. Angst. Wer weiß.

Es ist wichtig zu verstehen, dass wir in den frühen Jahren unseres Lebens viele dieser körperlichen Reaktionen auf Situation von anderen übernehmen. Wir kopieren sie einfach. Unser Körper kopiert sie. Und die dadurch entstehenden schwarzen Flecke werden mit der Zeit immer größer, und das geschieht durch das Wiederholen der körperlichen Reaktionen in den jeweiligen Situationen.

Die Wiederholung der gleichen Verbote, Glaubensätze der Eltern, des Umfeldes, aber noch schlimmer: Besonders die unausgesprochenen Reaktionen auf die Situationen lassen solche Flecke im Energiefeld und damit im Körper entstehen.

Das ist ein sehr interessanter Punkt: Dunkle Flecken entstehen also durch Wiederholen und als Kinder waren wir in unseren Lebensumständen gefangen. Wir konnten nicht mit fünf Jahren sagen: »Liebe Eltern, ich ziehe aus«. Wir waren den Energien unseres Umfeldes ausgesetzt.

Aber noch schlimmer: Wir waren nicht nur den Energien unseres Umfeldes ausgesetzt, sondern je nach Kommunikationsfähigkeit und damit Mut der Eltern, Gefühle auszusprechen, hat sich »unsere« Wahrheit, unser Selbstbild daraus komponiert.

Die meisten Eltern konnten nur wenig über ihre Ängste und Sorgen sprechen. Die meisten Eltern haben uns auch nie die Wahrheit gesagt – weil sie sie entweder selbst nicht kannten oder mit ihren Eltern auch nie erfahren durften.

Um bei dem Beispiel der Klingel zu bleiben: Das Kind wundert sich schon, warum die Mutter Angst hat. Es ist doch nur ein Klingeln! Die Mutter gibt ihre Angst aber nicht zu, da sie ja erwachsene Mutter sein will. Und die kennt keine Angst vor dem Bösen Mann.

Also lernt das Kind in diesem Beispiel die erste Lüge: Es fühlt die Angst, die Enge des Körpers der Mutter, es kopiert das Körpergefühl, Mutter tut aber so, als ob nichts sei.

Und dadurch, dass Mutter uns nicht gesagt hat, welchen Angsthirngespinsten sie im Moment des Klingelns nachhängt, fangen Kinder irgendwann an, selbst Hirngespinste zu kreieren, die das ganze Leben stark beeinflussen.

Später kamen andere Menschen in unser Energiefeld, vielleicht die Spielkameraden auf der Strasse. Oder der beste Freund, die beste Freundin. Je intensiver und enger die Beziehungen waren, desto mehr hat unser Lichtkörper Reaktionen auf Situationen vom anderen kopiert. Die engsten Beziehungen waren die zu Hause, und die meisten dunklen Flecken wurden zwischen 0 und 3 Jahren kopiert.

Aber: Diese dunklen Flecken im Lichtfeld haben für uns am Anfang des Kopierens erst einmal keine Geschichte, keine eigenen Erlebnisse, keine eigenen Traumata, keine Hirngespinnste. Sie sind nur körperliche Kontraktionen.

Und der Leser möge mich entschuldigen, weil ich es so oft wiederhole: Die Ursache aller Probleme (ob psychisch oder physisch) sind die dunklen Flecken im Lichtkörper, die kopierten Reaktionen des Körpers auf Situationen, aber niemals der Inhalt des Erlebten oder die Situation selbst.

Die wenigsten durften schon mit 2 Jahren einem Fremden die Tür aufmachen um zu überprüfen, ob das Hirngespinst von einem fiesen Ganoven hinter der Haustür wirklich stimmt. Hätte man diese Angst überprüft, dann wäre sie durch das Licht der Wahrheit schnell gewichen und der, der klingelte, hätte sich als der nette Nachbar mit einem Stück Torte entpuppen können. Die meisten Ängste sind in unserer Kindheit nie hinterfragt worden. Sie sind einfach in unserem Körper gespeichert. Und mit der Zeit wurde der Körper schön dunkel.

Schön dunkel – Irgendwo am Bodensee III

Das Lachen des Mädchens von gegenüber holt mich aus meiner »Am Frühstückstisch – Erinnerung« wieder raus. Ich bin also plötzlich wieder 39. Das ist gut so, denke ich. Aber noch besser ist, dass ich schon lange morgens wieder lachen kann und auch, dass ich ganz sicher weiß, dass niemand an der eigenen kopierten »schwarze Flecken Misere« Schuld ist. Die dunklen Flecken kopieren sich einfach durch häufiges Wiederholen.

Klar, denke ich, wenn meine Eltern erleuchtet gewesen wären, dann hätte ich wahrscheinlich manche schwarze Flecken in meinem Leben nicht kopiert. Aber für unsere Eltern gab es damals nicht die Tools und Techniken sich zu heilen. Die meisten unserer Eltern bilden die Nachkriegsgeneration mit ALL ihren Reaktionen auf Situationen. Unvorstellbar, denke ich. Es ist unvorstellbar, wie viele Reaktionen auf Situationen, wie viele Körperkontraktionen wir einfach kopiert haben.

Das Lachen des Mädchens ist ansteckend, und ich muss auch lachen. Irgendwie kommt es mir vor, als ob wir uns kennen würden, als ob wir schon viel zusammen gelacht haben. Sie hat himmelblaue Augen und blonde, lange Haare. Sie sieht aus wie ein Engel.

Fräulein Rottenmeier 2, ihre Mutter, wird unser Lachen auf einmal zu dumm, sie dreht sich herum mit stolzem, starren Rücken und bedeutet Fräulein Rottemeier 1 doch endlich zu kommen. Fräulein Rottenmeier 1 wartet schon seit ein paar Minuten stocksteif am Rande der Terrasse, manchmal mit den jüngeren Serviererinnen tuschelnd, und wagt es nicht mir in die Augen zu schauen.

Sie eilt zu Fräulein Rottenmeier 2 und man kann es kaum glauben: Beide haben exakt das gleiche verkrampfe Lächeln. Deswegen verstehen die sich so gut, denke ich. Ich kann nicht verstehen, was sie sagen, nur höre ich ein »Sehr wohl, meine Dame, wird sofort erledigt« und sehe Fräulein Rottenmeier 1 auf mich zukommen.

»Entschuldigen Sie, da drüben ist nun ein Tisch DIREKT am See frei geworden. Sollen wir alles hinüberräumen?«. »Oder soll ich vielleicht Ihre Jacke weghängen?«, fügt sie fordernd hinzu.

»Dass ich hier den Tisch zurechtgerückt habe, scheint Ihnen ja nicht zu schmecken, was?«, scherze ich direkt, die Wahrheit sagend.

»Doch, doch, mein Herr, keeeeiiiiin Problem, Sie können es sich so gemütlich machen, wie Sie wollen«, lügt sie der Etikette wegen, versucht sie mir ihr Einverständnis einzureden und lässt mich sitzen.

Fräulein Rottenmeier 1 und Fräulein Rottenmeier 2 haben es nun auf mich abgesehen, Fräulein Rottenmeier 1 mir gegenüber unausgesprochen, aber mit Fräulein Rottenmeier 2 abgesprochen.

Mir geht es schlecht. Irgendwie ist mir schwindelig und die Hitze der Sonne, die eigentlich keine Hitze ist, erlebe ich mit Verstärkerfunktion – erlebe 80 Grad Celsius. Ich fühle mich, als ob mein Körper mit Fesseln umlegt wäre, die so eng sind, dass sich mein Inneres zuschnürt und ich den Eindruck habe zu zerplatzen. Meine Hose juckt und kratzt irgendwie. Oder ist es meine Haut? Die Hautcreme ist im Koffer, denke ich. Ich habe sonst nie trockene Haut, denke ich weiter. Und der Sonnenschirm scheint die Sonne gar nicht abzuhalten. Und jetzt muss ich auch noch Fräulein Rottenmeier 1 rufen, ich muss zahlen, ich muss weg hier. Das Mädchen von gegenüber lächelt mich noch einmal an. Das macht mich irgendwie traurig. Ist es meine Traurigkeit oder ist es Mitgefühl? Egal. Mein Körper streikt hier.

Und der Bodensee soll schön sein? Ja, er ist es, nur hier auf der Caféterrasse scheinen die Menschen die Hölle daraus zu machen. Ganz schön dunkel.

Schön klar – Deine ersten dunklen Flecken

Alle dunklen Flecken sind also nichts anderes als körperliche Reaktionen auf Situationen – ob mühsam durch ein Vorleben der Eltern erlernt, ob aus dem Energiefeld von den nächsten Menschen aus unserer Kindheit kopiert, wie auch immer.

Diese körperlichen Reaktionen sind im Grunde genommen Verkrampfungen, Verspannungen, Spannungen oder Verhärtungen im Zellgewebe des Körpers – es sind Energien. Wenn diese dunklen Flecken nicht energetisch »enthärtet« oder aufgelöst werden, dann entsteht daraus über kurz oder lang ein physiches oder psychiches Problem. Die dunklen Flecken sind also die Ursache eines jeden Problems.

Auch wenn Du ein sehr skeptischer Leser bist: Du musst das einfach jetzt so annehmen. Denn das, was da zweifelt, ist Dein Ich, Dein Ego, welches nicht wahrhaben will, dass die Quelle allen Übels diese in der frühsten Kindheit hart erlernten Verhärtungen, Verspannungen, kurz: dunklen Flecken sind.

Im Laufe der Zeit, und Du hast als Kind nun schon zu jeweiligen Situationen mehrere körperliche Reaktionen gelernt, beginnt sich Dein Ich zu formen. Es entwickelt nun »um« die dunklen Flecken, die nichts anderes als energetische Störungen sind, Geschichten und Erinnerungen, die wir vermeintlich erlebt haben, als der jeweilige dunkle Fleck aktiviert wurde.

Zum Beispiel kann es sein, dass Du das Klingeln und die angsterfüllte Reaktion Deiner Mutter später sogar mit dem Eismann, der jeden Tag am Spielplatz vorbeikommt, in Verbindung bringst.

Denn es ist der Klang des Eismanns Klingel, der das Blut in Deinen Adern erstarren lässt. Die Klingel ist nämlich die gleiche wie die Zuhause.

Du schaust erschrocken und erkennst zwar, dass es nur der Eismann ist, aber durch die primäre Angstreaktion des Körpers, kann der Eismann eigentlich nur böse sein. Das hast Du ja von Deiner Mutter gelernt. Und selbst die Überredungsversuche der anderen Kinder, ein Eis bei ihm zu kaufen, könnten scheitern. Und selbst wenn Du Dich durchringst, Dich dem Eismann doch zu nähern, dann wird er sich wundern, warum Du denn Angst vor ihm hast. Er wird dann wahrscheinlich besonders nett sein, d.h. Überzeugungsenergie in Form eines besonders großen Eises leisten.

Der gute Eismann kann aber gar nichts dafür. Das Problem kommt ganz woanders her. Und das Ich hat nun eine neue Geschichte à la »Der böse Eismann« um den primären dunklen Fleck gebaut. Und damit nicht genug: Die fatale Gedankenkette des Ichs geht weiter, indem das Ich nun das Gefühl der Angst mit allen Eismännern der Welt in Verbindung bringt. Und der Bulli, aus dem der Eismann das Eis verkauft hat, kann auch nur einem Ganoven gehören. Das zumindest denkst du dann viel viel später, wenn ein solches Auto um die Ecke biegt: Eismann, Bulli, Kontraktion des Körpers, Erinnerung aus der Kindheit, Angstreaktion.

So ähnlich REAGIEREN wir im INNEREN bei jeder Situation im späteren Leben. Wir können gar nicht anderes, da wir voll von kopierten dunklen Flecken sind, die meist unbewusst in uns schlummern.

Und diese Unbewusstheit ist einer der Gründe, warum es uns manchmal oder oft unerklärlich schlecht geht oder auf einmal ein Gefühl der Trauer, Angst oder Sorge entsteht.

Schön klar – Die wahre Natur des dunklen Fleckes

In dreidimensionaler Sicht kann man sich einen dunklen Fleck wie eine Kugel vorstellen, die einen Raum einschließt, das Innere der Kugel.

Und je nach Inhalt des dunklen Flecks besteht der Innenraum aus den verschiedensten Energien, die freigesetzt werden wollen, aber durch das trennende Dunkle nicht freigesetzt werden können. Die eingeschlossene Energie ist Lebensenergie. Die eingeschlossene Lebensenergie kann man vergleichen mit dem weißen Kokosmark der Kokosnuss.

Das, was die Lebensenergie einschließt, die Kugel selbst, besteht wiederum aus zwei Teilen: Den Wänden, die das Dunkle einschießen, und dem Dunklen selbst.

Das, was uns Probleme im Leben verursacht, sind die Wände, das Trennende zwischen Dunkel und Hell mit allen seinen Charakteristika.

Das ist natürlich wieder schwer vorstellbar und der Leser wird denken: »Wie? Das Dunkle, Schlechte, ist also gar nicht der Grund meiner Misere, sondern eigentlich mehr das Trennende dazwischen, die Wände, der Widerstand?«

Schön dunkel – die große Liebe des Lebens

Ich hole erst einmal tief Luft, als ich mich auf dem Weg in die Stadt begebe. In meinem Herzen trage ich noch das liebliche Lächeln der Tochter von Fräulein Rottenmeier 1.

Meine Brust fühlt sich aber noch an, als ob Steine darauf liegen würden, und es dauert schon einige Zeit, bis ich wieder frei atmen kann.

Der Atem kann dunkle Flecken im Körper auflösen, die kurzzeitig durch eine körperliche Reaktion auf eine Situation entstanden sind.

Die Innenstadt von Konstanz ist gut angelegt und sauber.

Hier liegt kein Müll rum und die Menschen hier scheinen alle irgendwie okay und lustig zu sein – zumindest nach außen scheint das so. Diese Stadt hat Kleinstadtflair – und mir scheint, dass hier jeder jeden kennt.

Trotzdem will in mir kein heimeliges Gefühl aufsteigen – im Gegenteil: Ich spüre wieder mehr Druck im Körper.

Die dunklen Flecken Körper, die mir auf der Fußgängerzone entgegenkommen, haben alle eigene Gesichter. Jedes Gesicht ist einfach anders und schon seitdem ich Kind bin, bin ich von dieser Vielfalt an Gesichtern und Formen überrascht.

Aber trotzdem sehen irgendwie alle gleich aus, denke ich, und wenn man sich die Gesichter genauer anschaut, dann stellt man fest, dass man oft meint, viele von den Gesichtern zu kennen, d.h. der Menschen, die man eigentlich in Wirklichkeit gar nicht kennt.

Mir ist diese Reizüberflutung zu viel und ich flüchte in das nächste Straßencafé um ein Wasser zu trinken. Hoffentlich arbeitet hier kein Fräulein Rottenmeier 1, denke ich.

»Was darf's denn sein?«, fragt es mich von hinten. Und ich erschrecke. Die Stimme kenne ich. Das kann doch wohl nicht sein. Ich drehe mich um und werde auch noch rot. Ist sie das wirklich?

»Äh..hallo ....ähh...«, stammele ich. Und während ich stammelnd mein Wasserglas bestelle, stelle ich während des Stammelns fest, dass sie nicht »die« Yvonne ist. Die Yvonne von früher, Yvonne, meine erste große Liebe.

Als Yvonne und ich damals auseinander gingen, brach für mich eine Welt zusammen. Wir hatten vorher jede Sekunde unseres Lebens miteinander verbracht. Wir waren eins. Wir waren uns einig. Es war herrlich.

Wenn wir zusammen waren, verging die Zeit wie im Flug. Wir hatten uns viel zu erzählen. Unglaublich viel zu erzählen. Die Kraft unserer Liebe war damals so groß, dass ich mir einfach alles mit ihr vorstellen konnte.

Und dann kam irgendwann der Bruch. Sie hatte im Urlaub jemanden kennen gelernt und etwas mit ihm angefangen. Als sie mir das damals sagte, verlor ich den Boden unter den Füßen.

Auf jeden Fall war dieses Erlebnis so schlimm für mich, dass ich mich total zurückzog. Ich glaubte nicht mehr an die Liebe. Ich war enttäuscht. Unendlich gekränkt. Es war der Abschluss für mich: Ich vergrub meine Sehnsucht im Garten der Liebe. »Nie mehr wirst Du solch eine Liebe wieder spüren«, sagte ich mir damals. Wie gesagt, damals.

Schön klar – Die Mechanismen des dunklen Flecks und Dein Ich

Der dunkle Fleck schließt also Helles ein, Lebensenergie. Im Fall Deiner ersten großen Liebe ist das die Liebeserfahrung oder besser: die Liebe selbst.

Aufgrund der schmerzlichen Erfahrung der Trennung hat sich dann im Laufe der Zeit die erste Wand um die Liebesenergie gebildet und sie leicht umschlossen.

Jetzt kommt Dein Ich ins Spiel, welches großen Widerstand gegen das Leiden hat. Leiden ist dem Ich zu diffus, zu unkontrollierbar. Das Ich kann nicht zulassen und schon gar nicht loslassen. Es kämpft gegen den Schmerz der Trennung an.

Und mit diesem Kampf beginnt die Misere in Deinem Leben. Du kämpfst gegen ein Gefühl, welches sich in Dir entfalten will.

Was dann passiert, ist, dass die Wand, die die Lebensenergie einschließt, nur noch stärker wird.

Die Trennung von Deiner ersten großen Liebe erzeugt somit eine Trennung in Dir.

Je nachdem, wie schmerzhaft das Erlebnis der Trennung war, desto mehr dunkle Energie sammelt sich um die Wand des dunklen Flecks.

Die dunkle Energie um die Wand verstärkt sich durch eine weitere Eigenschaft des Ichs: Es fängt nämlich nach solch einem Erlebnis an, Geschichten und Erinnerungen um die Wand herumzubauen.

Mit nur einem Ziel: Die Trennung in Dir, das Einschließen der Liebesenergie noch zu verstärken.

Das Ich ist sehr ängstlich und braucht viel Sicherheit. Die Erfahrung der Trennung von Deiner großen Liebe braucht daher einen Leitsatz, eine Art »Entscheidung«, vielleicht sogar einen Glaubensgrundsatz, mit dem es besser leben kann. Und das Ich ist so feige, so ängstlich, dass es sich meistens Glaubensgrundsätze zusammenbaut, die ein erneutes Erleben der Lebensenergie unmöglich machen.

Die Wand des dunklen Fleckes, die die Liebesenergie umschließt, besteht also immer aus einem »inneren« Glaubensgrundsatz.

»Nie mehr wirst Du solch eine Liebe wieder spüren«, das war mein Glaubensgrundsatz damals.

Nach meiner ersten großen Liebe war ich über 6 Jahre ohne feste Beziehung. Schön dunkel.

Schön klar – die dunklen Flecke und die Glaubensgrundsätze

Der schwarze Fleck, und ich werde das noch öfters wiederholen, weil es so unglaublich wichtig ist, ist NICHTS anderes als ein energetischer Block, der im Körper auffindbar ist.

Wenn man den dunklen Fleck verändert, verschwindet der innere Widerstand, das Kämpfen hört auf und die eingeschlossene Lebensenergie kann sich freisetzten. Man kann den dunklen Fleck verändern und dann wäre es auch möglich, sich mit 60 Jahren noch so zu verlieben wie eine 17-Jährige. Klingt doch verlockend, oder?

Die meisten Menschen wissen nicht, oder haben verlernt, wie sie solche Flecken selbst auflösen können. Die meisten Menschen haben zig dunkle Flecken im Lichtkörper.

Diese vielen dunklen Flecke schließen eine immense Lebensenergie ein, die eigentlich frei sein will. Und nicht nur das: Unser Ich »baut« zu jedem schwarzen Fleck auch noch einen Glaubengrundsatz hinzu.

Wie will man mit einem Glaubensgrundsatz wie: »»Nie mehr wirst Du solch eine Liebe wieder spüren« eine Liebesbeziehung eingehen?

»Ich bin nicht gut genug für diese Welt«.
»Ich werde niemals erfolgreich sein«.
»Ich habe das einfach nicht verdient«.
»Geld ist dreckig«.
»Freude wird bestraft«.

Die dunklen Flecken sind Energien, die das Ich mit Informationen füttern und es dadurch stärken.

Das Ich, mit dem wir uns identifizieren, lässt uns nach diesen Glaubengrundsätzen handeln. Dabei sind uns 90 % unserer Glaubensgrundsätze gar nicht bewusst. Das muss man sich mal vorstellen: 90 % unserer Handlungen und Entscheidungen »gegen« oder »für« etwas werden durch Glaubensgrundsätze, entsprungen aus den dunklen Flecken, beeinflusst. Und das auch noch unbewusst. Wir sind nicht Herr in unserem Hause. Das Ich, wenn es gefragt wird, hat natürlich nichts Besseres zu tun als diesen Mechanismus auch noch als »Erfahrung« zu betiteln.

Aus Erfahrung lassen wir uns dann nicht mehr auf die Liebe ein.

Aus Erfahrung entfalten wir nicht mehr unsere Kreativität, denn es gibt ja Wichtigeres zu tun.

Aus Erfahrung sagen wir nicht mehr unsere Meinung, wir könnten ja kritisiert werden.

Aus Erfahrung malen wir keine Bilder mehr, das ist doch kindisch.

Aus Erfahrung lernen wir nicht mehr den Nachbarn kennen, der hat nämlich Ähnlichkeit mit unserem unfreundlichen Chef.

Aus Erfahrung gehen wir keine Risiken mehr im Leben ein.

Im Laufe der Jahre vermehren sich die dunklen Flecken, die Ränder darum und damit die Geschichten und immer wieder gleichen Versionen von Partnern und »Erfahrungen«, die wir machen.

Das, was verschwindet, ist das Leben. Wir erstarren im Leben.

Schön klar – Dunkler Fleckenkörper

Ich war selbst ein höchst aktiver dunkler Fleckenkörper.

Als ich aus der Psychiatrie entlassen wurde, hatte ich überhaupt keine Orientierung.

Ich hatte Angst, riesige Angst, irgendwann auf der Strasse zu enden.

Ich hatte Angst, an einer Krankheit zu sterben.

Ich hatte Angst, keinen Beruf mehr zu haben.

Ich hatte Angst meine, Freunde zu verlieren.

Ich hatte Angst, irgendwann mal arm zu sein.

Ich hatte Angst. Furchtbare Angst, unglücklich zu sein.

Ich hatte Angst, dass mein Körper irgendwann versagt.

Ich hatte Angst, alleine zu sein.

Ich hatte Angst vor dem Tod.

Erst die tiefe Annahme, das tiefe »Ja« zu meinen Ängsten vermochte die Angst in Stärke zu verwandeln.

Schön klar – Wünsche, Enttäuschung und Verzweiflung

Unser heller Lichtkörper ist entspricht unserem reinen, essentiellen Selbst. Man könnte dieses Selbst auch ursprüngliche Naturkraft nennen.

In diesem hellen Lichtkörper findet sich auch unser energetischer Bestimmungsvertrag. Das heißt, dort steht wie wir in den verschiedenen Bereichen (Liebe, Beruf, psychische Gesundheit, physische Gesundheit) leben sollten, damit wir uns hundertprozentig wohlfühlen und in Liebe leben.

Und das ist ganz wichtig aufzunehmen: In Liebe leben und den Weg des Herzens gehen.

Innerhalb des hellen Lichtkörpers ist auch der dunkle Fleckenkörper zu finden, das Ich vollzieht die Trennung zwischen Dunkelheit und Helligkeit. Das Ich ist purer Widerstand gegen das Dunkle UND das Helle.

Man wird es nicht glauben: Die meisten Menschen haben mehr Angst vor dem Glück, also vor dem Hellen, vor der Liebe als vor der Dunkelheit.

Die innere energetische Lebensaufgabe, die Bestimmung, will sich aber verwirklichen. Der helle Energiekörper will wachsen, glücklich, selbstbewusst und groß sein. Die innere energetische Lebensaufgabe lebt von der hellen Energie des hellen Lichtkörpers. Je mehr Energie in Form von dunklen Flecken eingeschlossen ist, desto weniger kann die Bestimmung gelebt werden.

Der innere Bestimmungsvertrag schickt uns permanent Signale.

Das Ich deutet diese Signale als Wünsche, als Träume. Und damit nicht genug:

Das Ich vergrößert diese Träume und Sehnsüchte. Im Beispiel der großen Liebe entwickelt das Ich die Idee von einem »Traumpartner«, es entwickelt Vorstellungen.

Die große Liebe kann aber niemals kommen, wenn nicht der innere Widerstand dagegen aufgelöst wird. Wie soll uns die große Liebe erreichen, wenn wir ihr die Tür vor der Nase zuschlagen?

Und so kommt es, dass wir uns sehnlich die »große Liebe« wünschen, sie aber einfach nicht schnell genug passiert.

Leben heißt Wachstum und in jedem Bereich gilt das Gesetzt der Fülle. Das ist ein fundamentales Gesetzt der Natur. Jetzt kann es sein, dass man durch sein Wünschen und erträumen lange Zeit gewartet hat und ohne es zu wissen kurz innerlich offen war: Man findet tatsächlich den Traumpartner. Die Fülle des Universums bringt uns über kurz oder lang einfach ALLES, was wir uns wünschen.

Jetzt leben wir mit dem Traumpartner, seinem dunklen Fleckenkörper UND dem dunklen Fleck der ersten großen Liebe zusammen.

Jeder kann sich gut vorstellen, wie die Beziehung mit dem Traumpartner enden wird, wenn nicht der innere Widerstand gegen das schmerzliche Erlebnis der »ersten großen Liebe« voll zugelassen wurde, d.h. der innere Widerstand gegen das so schlimme »Dunkle« aufgelöst wird:

Man fängt so langsam an gegeneinander zu kämpfen. Man versucht den anderen zu verändern. Der wiederum wird versuchen dem anderen zu genügen. Es wird sehr anstrengend und irgendwann trennen sich die beiden dunkle Fleckenkörper.

Das kann auch gar nicht anders sein, denn im dunklen Fleck ist ja auch die Liebesenergie abgetrennt durch eine Wand eingeschlossen, getrennt vom Dunklen. Und die Wand besteht aus dem Glaubensatz »Nie mehr wirst Du solch eine Liebe wieder spüren«.

Selbst wenn wir den vermeintlichen Traumpartner finden, werden wir mit ihm niemals die große Liebe leben können. Unser Liebesleben wird immer ein Leben mit »angezogener Handbremse« sein.

Dieser Mechanismus lässt sich auf alle Lebensbereiche übertragen: Das ist auch der Grund warum uns Erfolg nie wirklich genügt und wir immer mehr Erfolg wollen.

Schön klar – der Sinn des Lebens: Warum wir immer das gleiche anziehen und ähnliche Erfahrungen machen

Der einzige Sinn des Lebens ist Wachstum und die Freude am Spiel des Lebens. Unser energetischer Bestimmungsvertrag tut alles um uns wachsen zu lassen.

Das ist der Grund, warum wir so oft die selben Situationen erleben. Das ist der Grund, warum wir immer denselben Typ Partner kennen lernen.

Das ist der Grund, warum sich dunkle Fleckenkörper in Beziehungen begegnen.

Wenn der Sinn des Lebens darin besteht im Wachstum zu sein – warum erleben ich dann immer so viele schwere und problematische Situationen? Warum schickt uns das Universum nicht nur Helles, wenn es doch nur Helles für uns will?

Das ist ganz einfach: Unser energetischer Bestimmungsvertrag sieht ein Leben in absoluter Reinheit vor, ein Leben in Fülle und Liebe. Da haben dunkle Flecken keinen Platz.

Unser Bestimmungsvertrag bringt uns nur aus einem Grund in Resonanz mit »dunklen«, schwierigen Problemen: damit wir sie erkennen und die dunklen Flecken auflösen.

Und wenn alle dunklen Flecken aufgelöst sind, dann leben wir ohne inneren Widerstand, ohne innere Trennung ohne Angst, ohne Zweifel. Das Ich löst sich auf. Es wird still. Ganz still. Und erst dann beginnt wieder das Leben.

Wir sollten lernen für alle »dunklen« Erlebnisse im Leben, sei es Trennung vom Partner, Verlust des Jobs, Verlust von Anerkennung, Verlust von Freunden offen zu werden.

Denn all das vermeintlich »Dunkle« an Problemen schickt uns das Leben, damit wir daran wachsen können: indem wir es zulassen und nicht davor weglaufen und inneren Widerstand aufbauen.

Eine radikale Übung wäre, dankbar für die Probleme zu sein, die wir haben. Kannst Du dankbar für das Dunkle in Deinem Leben sein? Oder willst Du es nur weghaben? Wenn Du nicht dankbar für Deine Probleme sein kannst, dann hast Du schon einen großen dunklen Fleck gefunden, der all Deine Probleme verstärkt. Erkenne, dass jedes Problem ein Zeichen ist. Ein Zeichen für inneres Wachstum.

Denn das Dunkle trägt wichtige Information für den Kurs Deines Lebens. Das einzige, was wir »wegmachen« können, ist der Widerstand dagegen, gegen das Dunkle.

Schön dunkel – Zum Glück Tour 2007

Es ist warm hier in Mainz. Sehr warm. Ich sitze unten im Hof und der Saal füllt sich. Eine halbe Stunde später wird es noch wärmer – das ist aber nicht die Temperatur, die steigt, sondern es ist die Energie des Raumes, die die reale Temperatur als besonders hoch erscheinen lässt. Es sind die Erwartungen und Hoffnungen der Menschen, die die Gesamtenergie vor Vorträgen verändern lässt. Viele Menschen sind gespannt, das lässt die Energie im Saal auch anspannen. Das kommt sogar bis unten im Hof an.

»Herr Brune, aber war denn Ihre schwere Krankheit nicht notwendig, um überhaupt da zu sein, wo Sie jetzt sind? In ihrem Buch schreiben Sie ja, das Ihre Krankheit Ihr größter Lehrer war«, fragt eine Teilnehmerin.

Was soll ich darauf antworten? Dass die Krankheit, die ich über 25 Jahre hatte, toll war? Und ich auch noch froh sein kann, dass ich sie gehabt habe?

Nein, Krankheit braucht wirklich niemand. Es ist immer ein Zeichen von energetischer Blockierung und je stärker die Krankheit ist, desto größter dürfte die Anzahl der dunklen Flecken im hellen Energiekörper sein.

Wenn ich in einem anderen Lebensumfeld aufgewachsen und nicht so krank geworden wäre, dann hätte man vielleicht meine »Seherkrankheit, die in Depressionen ausartete« schon früh als mediale Fähigkeit erkannt und sie vielleicht entsprechend gefördert.

Wahrscheinlich hätte ich dann schon mit 14 oder sogar noch früher meine Karriere als Energieheiler angetreten und nicht 16 Jahre später nach qualvollen Erfahrungen.

Die heilsamste Phase war die Zeit nach dem siebenmonatigen Aufenthalt in der Tagesklinik.

In dieser Zeit nahm ich meine Krankheit zum ersten Mal im Leben an. Ich hörte auf dagegen zu kämpfen. Ich brach sämtliche Therapien ab. Ich gab mich meinem Körper hin. Ich gab auf und überließ meine Heilung den unglaublichen Kräften der Natur. Meinen Selbstheilungskräften.

Nachts zuckte mein Körper. Er schwitze. Er schickte mir schlimme Bilder. Ich machte ca. drei Wochen die Hölle der Schmerzen durch und begegnete meinen tiefsten existentiellen Ängsten. Dann ging´s aufwärts. Langsam.

Der Widerstand war also gebrochen. Die »Wand« des dunklen Fleckes, der Widerstand gegen das, was ist, war aufgebrochen und das Dunkle konnte sich freisetzten – der Körper machte das ganz von selbst.

In den laufenden Monaten wurde mir klar, dass es der Widerstand war, der mich krank machte. Das ständige Reagieren auf Schmerz, Traurigkeit und Depression durch Vermeidungsstrategien à la Freunde treffen, ins Kino gehen, Therapien, Job, was weiß ich, verschlimmerte alles. Das, was mich heilte, war das »Zulassen« und Annehmen, das »Ja« sagen, die Kraft des Hier und Jetzt.

Ich ließ einen Teil von Martin Brune sterben: Den kämpferischen Teil, der Widerstand gegen das, was ist, erzeugt und daraus eine Angst vor dem Leben erschuf.

Die meisten Menschen kämpfen zu sehr gegen sich. Das macht krank. Die meisten Menschen kämpfen zu sehr gegen das Dunkle.

Wenn der Widerstand gegen unser Dunkles aufgelöst wird, dann wird das Dunkle »schön dunkel«.

Schön Klar – Die Wände und die Vorstellungen des Ichs

Die meisten Menschen sind voll von dunklen Flecken und damit voll von inneren Widerständen.

Wir haben alle verlernt, diese Widerstände gegen das vermeintlich Dunkle aufzulösen. »Vermeintlich« heißt, dass das Dunkle gar nichts Dunkles ist, sondern eigentlich Information enthält, die uns im Leben auf Kurs hält und die richtigen Entscheidungen fällen lässt. Deswegen ist das Dunkle auch »schön« dunkel, weil es im Grunde genommen sehr viel Schönheit enthält.

Die meisten Menschen laufen vor sich selbst, laufen vor der eigenen Schönheit weg. Das, was die Wand um das Dunkle formt, ist immer die Liebe. Die meisten Menschen laufen vor der Liebe zu sich selbst weg.

Viele tun das dadurch, dass sie permanent Vorstellungen und Konzepte vom Leben entwickeln, ohne aber den Widerstand gegen das Dunkle aufzulösen.

Da ist z.B. die Vorstellung vom Idealpartner, der nach den ersten rosaroten Anfangsmonaten das Handtuch schmeißt, weil er sich eingeengt fühlt – die dunklen Flecken der Vergangenheit wurden nicht vorher aufgelöst und sind nun aktiv.

Da ist die Vorstellung vom Traumberuf, der immer interessant, lustig und motivierend sein soll, aber sich als harte Arbeit erweist.

Da ist die Vorstellung vom dem Traumort und dem Traumhaus, in dem wir mal leben wollen, welches sich nachher als spießig und langweilig erweist.

Das sind die verzweifelten Versuche des Ichs, welches aus den Widerständen, den Wänden der dunklen Flecken besteht, uns eine bessere Zukunft vorzugaukeln. Das Ich kann die die Realität, das Hier und Jetzt nicht akzeptieren. Es ist nicht zufrieden mit dem, was es vom Leben bekommt.

Und die oben genannten Vorstellungen sind die »großen« Vorstellungen, die wir vielleicht im Laufe des Lebens entwickelt haben, meistens genährt von unseren schlechten Erfahrungen, der noch nicht angenommenen Dunkelheit.

Mit den großen Vorstellungen soll alles besser werden. Der Prinz oder die Prinzessin, die uns wachküssen und retten, der Lottogewinn, die zündende Idee, was auch immer.

Die dunklen Flecken und damit der Widerstand gegen das, was ist, ist aber nicht aufgelöst und wie wir vorher schon gesehen haben, können wir selbst wenn der Prinz oder die Prinzessin in unser Leben kommt, es nicht langfristig genießen. Das Ich ist furchtbar dumm und macht Folgendes:

Es entwickelt neue Vorstellungen und bastelt sich wieder damit ein Konzept von einer Zukunft, die im Hier und Jetzt gar nicht sein kann.

Denn im Hier und jetzt ist Unzufriedenheit. Unzufriedenheit mit dem Prinzen. Unzufriedenheit mit der Prinzessin, die auf einmal mehr »Raum« für sich braucht.

Das entsprach natürlich nicht unserer Vorstellung und das Ich hat nichts anderes zu tun, als die Wand des dunklen Flecks zu stärken. Der Widerstand gegen die Realität steigt. Wir beginnen das Hier und Jetzt zu hassen.

Das Ich hat sofort die Vorstellung einer neuen Prinzessin im Sinn, der richtigen Prinzessin. Und so kommt es, dass wir immer wieder die gleiche Prinzessin oder den gleichen Prinzen energetisch anziehen. Und je nachdem, wie alt wir werden, kann daraus im Leben eine ganze Prinzengarde werden.

Es kann auch sein, dass wir hundert Mal den Job wechseln oder dreißig Mal umziehen. Die Auswirkungen im Außen sind mannigfaltig, das Ich ist im Vorstellungen entwickeln sehr kreativ.

Wahres Leben hat aber mit Vorstellungen im Sinne des Ichs gar nichts zu tun. Der Nährboden des Ichs, das hatten wir herausgefunden, ist immer die Energie des Widerstandes und damit die feste Überzeugung, dass durch eine Vorstellung das Leben irgendwie besser werden könnte, ohne das Dunkle annehmen zu müssen.

Das Wort »Vorstellung« kommt von »etwas vor stellen«. Man stellt etwas dem Eigentlichen, dem Wahren, der Realität vor.

Warum nur um Himmels willen?, würde das Leben fragen, wenn es eine Stimme hätte.

Wir sind dem Geheimnis auf der Spur. Wir finden es gerade heraus. Wenn wir unsere Dunkelheit zulassen lernen, dann wird man sich wundern, wie schnell man den richtigen Prinzen kennen lernt – ohne Vorstellung!

Schön klar – Die Misere der Vorstellungen

Die Unfähigkeit des Ichs, im Hier und Jetzt und damit in der Zufriedenheit zu sein, erzeugt immer wieder neue Vorstellungen davon, wie wir sein müssten, damit wir uns endlich gut fühlen.

Damit ist jede Vorstellung an die Zeit gebunden. Jede Vorstellung hat also etwas mit Zukunft zu tun, mit dem Morgen, mit dem Montag, mit dem Dienstag, mit der Party in einer Woche, mit dem Jobwechsel, mit dem »neuen« Partner wie auch immer.

Das Ich, und damit der dunkle Fleckenkörper, lernt den Mechanismus des Vorstellens oder Wünschens schnell – schon in frühen Kinderjahren. Menschen ohne dunklen Fleckenkörper haben überhaupt keine Vorstellung, keinen Wunsch. Sie leben einfach glücklich im Hier und Jetzt – sie sind wunschlos glücklich.

Das Ich, der dunkle Fleckenkörper, vergrößert sich im Laufe der Entwicklung des Menschen und je größer der dunkle Fleckenkörper wird, desto zahlreicher werden die inneren Widerstände, damit die »Neins« und das nährt Vorstellungen von einer vermeintlich »besseren« Zukunft, um diesem inneren Schmerz nicht begegnen zu müssen.

Denn der dunkle Fleckenkörper tut weh, und das Ich hat nichts anderes zu tun, als immer wieder Vorstellungen zu entwickeln, um vor »sich selbst«, vor den eigenen inneren Widerständen, wegzulaufen.

Dabei wäre alles so einfach, wenn wir nur »Ja« sagen und damit die inneren Widerstände aufgeben würden. Wir würden den Kreislauf des ewigen Vorstellungenmachens – immer mit der Illusion, dass es irgendwann besser wird, durchbrechen. Wir würden endlich frei werden. Wunschlos glücklich im Hier und Jetzt.

»Ja« sagen tut jeder, der eine Sitzung macht – er sagt »ja« zu seinem Problem, seinem Thema. Mit dem Wissen der sicheren Führung des Energiesehers nimmt er dann sein Problem an, er sagt »ja« dazu. Das ist das große Geheimnis der Rückverbindung zu den Naturkräften.

Und dann kann man sich die Frage stellen: Wer bringt hier eigentlich wen in die Kraft? Der Energieseher den Klienten? Niemals – der Klient tut es selbst. Dadurch, dass er »ja« zu seinem Problem sagt, sagt er »ja« zu sich selbst.

»Ja« – dieses einfache Wort ist deswegen so schwierig, weil es so einfach ist. Und diese Einfachheit haben wir durch unsere vorstellungsgeplagte Kopflastigkeit verlernt.

Man kann es wieder lernen. Dazu muss man allerdings »ja« sagen.

El mundo energético último

Martin: »Bist Du erleuchtet?«, fragt eine Seminarteilnehmerin. »Erleuchtet«, denke ich und frage mich, was sie sich darunter wohl vorstellt.

Natürlich bin ich nicht erleuchtet, wie kann das auch sein. Wie soll ein einzelner sich aus der Gesellschaft lösen können und sich erleuchten? Das wäre ein Egotrip. Kein Mensch dieser Welt ist erleuchtet und das liegt daran, dass die Menschheit nicht erleuchtet ist. Wir können nur als gesamter Planet den Bewusstseinswandel schaffen.

Als Individuum ist es zwar möglich eine hohe energetische Stufe zu errechen, aber die Grenze ist das kollektive Leid in der Welt. Das kollektive Leid ist die Summe aller individuellen Leiden und damit zeigt sich auch die hohe Verantwortung eines jeden einzelnen. Wenn das individuelle Leid, die dunklen Fleckenkörper, nicht verschwinden, dann verändert sich auch nicht die Welt. Jeder muss bei sich anfangen. Und damit kommen wir wieder zum Anfang des Buches:

Wir haben einfach keine Zeit mehr. Es geht jetzt schon los – im Hier und Jetzt. Wir müssen dazu einfach nur »ja« sagen. Und in dem »Ja« steckt die Liebe, ein wertfreier Raum mit viel Liebe und Wärme. Dieser Raum ist gigantisch groß und wartet darauf erobert zu werden.

Die Energieschule

Wie schön ist die Vorstellung, wir könnten uns von unserem ganzen Lebensballast, von unseren Dramen, von unseren Traumata verabschieden, sie einfach und für alle Zeit loslassen und nach vorne schauen. Wenn wir das nicht tun, nehmen wir kiloweise schmutzige Wäsche mit auf das Floß unseres Lebensstroms. Wenn die Wäsche sich mit Wasser vollsaugt, dann gehen wir irgendwann unter.

Man darf sich also nichts vormachen. Wir müssen zuerst unseren Ballast abwerfen, uns reinigen, und das geht nur, wenn wir bereit sind, tief in unsere Wunden zu schauen, um diese Wunden in Quellen der Kraft zu verwandeln. Das bedeutet Arbeit an sich selbst. Aber diese Arbeit ist nicht mit Leistung verbunden, sondern eigentlich nur damit, die eigenen Probleme zu erkennen, wahrzunehmen, sie zum »Thema« zu machen und dann die Wunde zu verwandeln – »ja« zu sagen.

Und diese Quellen sind es dann, die das Floß mit voller Kraft voraus nach vorne in Richtung Bestimmung im Sinne von Glück und Selbstverwirklichung treiben. Jedes Hindernis wird bearbeitet, jeder schwere Stein wird bearbeitet und entfernt. Bis es nur noch so rauscht …

Die Hindernisse und Widerstände sind unsere unerledigten Probleme, Traumata, vergangene Konflikte, nie gesagte Entschuldigungen, unsere schwere Kindheit, der Bruder, der Vater, die Schwester, die Dramen mit der Mutter. All diese Energien informieren und bestimmen noch heute unseren Alltag. Wie sollen wir zu unserer Bestimmung im Sinne von Selbstverwirklichung kommen, wenn wir nicht den Haufen schmutziger Wäsche und die Felsen im Fluss entfernen?

Die Energieschule heißt Energieschule, weil sie nicht nur eine Seherschule ist. Es wird energetisches Wissen vermittelt, um sich seine Zukunft energetisch zu erschließen.

Denn für Probleme haben wir eigentlich keine Zeit – der Acker unseres Lebens will jetzt bestellt werden! Es geht also um Träume. Es geht um Glück. Nicht das Glück der Glücksformeln und Ratgeber, sondern um die Erfüllung des Lebenstraums, der in unserer Lebensaufgabe steht. Es geht darum, Glück als solches erlebbar zu machen, nicht einfach nur zu behaupten, dass man glücklich sei, sondern Glück wirklich zu fühlen – im Hier und Jetzt.

Jeder kann die Energietechniken lernen. Und auch hier sind die Erfolgsmeldungen umwerfend. Was ich selbst als Leiden empfunden, nach dem »Ja« sagen endlich als Kraft entdeckt habe, kann ich inzwischen steuern – und andere können es einfach studieren und praktizieren.

Was habe ich eigentlich von dem energetischen Prozess?

In der Energieschule bekommt man alle Techniken vermittelt wieder energetisch »ganz« zu werden. Und »ganz« werden bedeutet die Trennung zu sich selbst aufzulösen.

Eine der wesentlichen Erfahrungen der Teilnehmer ist, dass sie wieder »zurück in den Körper kommen«, d.h. sich vom Grübeln, vielen Nachdenken, von Kopfentscheidungen lösen – man könnte auch sagen, dass sich das »Ich« im egoischen Sinne auflöst, d.h. der dunkle Fleckenkörper bzw. die Widerstände gegen das vermeintlich Dunkle verändern sich.

Dadurch, dass sich das trennende Ich auflöst, gelangt der Mensch wieder mit seiner Aufmerksamkeit in den Körper – wobei »Körper« nicht nur den physischen Körper meint, sondern gerade den Lichtkörper – oder auch das »essentielle Selbst«. Das dürfte nun schwer zu verstehen sein – aber im Grunde genommen meint »zurück in den Körper kommen« eigentlich nur, dass wir uns wieder mit einer Intelligenz verbinden, die viel viel größer ist als die »Kopfintelligenz«.

Die Intelligenz des Körpers ist es nämlich, die es schafft unglaublich komplexe Prozesse wie z.B. das Wachstum eines Menschen vom Kind zum Erwachsenen zu steuern.

Unsere lineare Kopfintelligenz könnten niemals solche komplexen Prozesse steuern.

Je mehr wir im Kopf sind, desto weniger sind wir mit dieser Körperintelligenz verbunden. Diese Körperintelligenz beinhaltet unser Wissen – nicht in Form von Formeln oder Wissen in Form von Geschichtsdaten, sondern vielmehr in der puren, authentischen und reinen Form von Gewissheit.

In unserem Körper steckt Gewissheit, welche einem kopfmäßigen Wissen trotzen kann. Diese Gewissheit speist unsere Intuition – und diese ist es, die unser Leben in die richtigen Bahnen lenkt und uns auch die gefühlt richtigen Entscheidungen treffen lässt, wenn das egoische Ich endlich ausgeschaltet ist. Diese Gewissheit in allen Situationen des Lebens kann uns dann Glücksgefühle und Sicherheit erleben lassen. Der Teilnehmer lernt im Laufe der Energieschule wieder zurück in den Körper zu kommen.

Lehrer, die in den Körper zurückkommen, lehren dann Kindern mit Herz und Intuition Dinge aus dem Leben – sie werden Lebenslehrer.

Musiker, die in den Körper zurückkommen, spielen die Instrumente aus dem Körper heraus – also intuitiv Musik des Herzens – das berührt wiederum die Herzen der Zuhörer.

Arzte, die in den Körper zurückkommen, finden eine ganz andere Form der Arbeit mit Patienten.

Filmemacher, die in den Körper zurückkommen, fangen an Filme zu drehen, die das Mitgefühl der Menschen anrühren.

Künstler, die in den Körper zurückkommen, berühren die Menschen durch ihre Farben.

Unternehmer, die in den Körper zurückkommen, machen aus ihren Unternehmen intuitiv geführte Unternehmen, die von der Kraft der Intuition, der innern Gewissheit getragen sind. Diese Unternehmen sind dann vom Prinzip des Gelingens und der Vision genährt. Erfolg muss erfolgen.

Wer in den Körper zurückkommt, der glaubt an sich selbst, hat wirkliches Selbstbewusstsein und spürt innere Sicherheit und Stabilität.

Wer nimmt daran eigentlich teil?

Ganz normale Menschen!

Die Intentionen, an der Schule teilzunehmen, sind so verschieden wie die Menschen selbst. Die einen erhalten eine erstklassige Ausbildung als Energieseher. Wieder andere wollen das erlernte Energiesehen in ihr Leben (Beruf, Familie usw.) tragen oder neue Möglichkeiten entdecken.

Aber eines haben alle Teilenehmer gemeinsam: Der Schwerpunkt während des Basis-, Seher- und Visionskurses ist die Arbeit an sich selbst. Allen geht es darum mehr Klarheit im Leben zu finden, denn nur dann können wir in unsere Kraft gelangen.

Teilnehmer aus allen Berufszweigen und Lebensbereichen nehmen an der Schule teil (Schauspieler, Musiker, Lehrer, Ärzte aller Richtungen, Unternehmer, Therapeuten, Anwälte, Menschen aus sozialen Berufen, Techniker, Ingenieure und viele viele mehr.). Zahlreiche Unternehmen schicken schon ihre Mitarbeiter in unsere Schule.

Für viele ist die Schule interessant, da sie Energietechniken lehrt, die in den verschiedensten Lebensbereichen ihre Anwendung finden. Im Visionskurs lernen wir Techniken, unsere Lebensprojekte energetisch manifestieren zu lassen – und das in allen Lebensbereichen. Hier lernen wir spielerisch zu wünschen und unser Leben zu visionieren.

Die meisten haben keine Vorkenntnisse und sind auch nicht esoterisch«unterwegs". Mit«Esoterik" oder dem, was man damit verbindet, hat unsere Schule nichts zu tun – nur mit Einfachheit und Authentizität.

Das Weltbild auf den Kopf stellen

Die Schule ist in drei Teile aufgebaut und wird innerhalb von etwa einem Jahr durchlaufen. Um unseren Traum, wirklich frei von »Altlasten« leben zu können, zu verwirklichen müssen wir erst einmal rein von inneren Widerständen werden.

Clearing: Basiskurs

Diese Techniken lernen die Teilnehmer im Basiskurs. Es geht dabei nicht darum, die Vergangenheit »vom Kopf« her loszulassen, sondern eher energetisch zu bearbeiten und zu verändern, anzunehmen.

Viele Prozesse sind in dieser energetischen Welt, so wie ich sie nenne, anders. In dieser energetischen Welt wird zuerst die Energiestörung verrändert.

Nachdenken statt Vordenken:
Erst Energien verändern, dann Verstehen

Erst Tage später versteht der Klient, wie es zu dem Symptom gekommen ist. Die meisten traditionellen Therapieformen zielen darauf ab, erst einmal alles zu verstehen. Und erst wenn wir alles verstanden haben, dann könnten wir etwas verändern. Hier ist es genau umgekehrt: Zuerst die Energieveränderung, dann das Verstehen.

Im Basiskurs lernen die Teilnehmer, Energiestörungen im leuchtenden Energiefeld des Klienten zu finden und zu bearbeiten. Das ist der Clearing-Prozess.

Leichte Energien, verdichtete Energien lassen sich mit diesem Prozess löschen. 80 Prozent des gesamten Kurses bestehen aus praktischen Übungen. Der Teilnehmer lernt, mit sich selbst und anderen energetisch zu arbeiten, die eigenen Wunden in Quellen der Kraft zu verwandeln, zu verändern. Er beginnt damit, den Fluss seines Lebens zu bearbeiten und zu säubern.

Die meisten von uns schleppen sehr viel Last aus der Vergangenheit mit sich herum.

Mit dem Herzen sehen: Seherkurs

Im Seherkurs lernen die Teilnehmer, wenn sie es noch nicht im Basiskurs gelernt haben, Energien zu sehen.

»Sehen« ist das meist missverstandene Wort. Mit »Sehen« verbinden die meisten das Sehen von phantastisch gefärbten Auren, ein Feuerwerk von Licht, welches den Klienten umgibt oder ähnliche Fantastereien. All das ist NICHT Sehen. »Sehen« in der schamanischen Tradition heißt vielmehr, nicht nur mit den Augen zu sehen, sondern auch mit dem Herzen. Es bedeutet, zu lernen, hinter die Kulissen zu schauen, hinter die Masken der Klienten. Es bedeutet, zu lernen, die wahren Geschichten hinter den Energiestörungen zu sehen. Und »Sehen« kann wirklich sehen, aber auch schmecken, riechen oder einfach nur fühlen bedeuten. All das ist »Sehen«.

Teilnehmer berichten oft nach erfolgreichen Sitzungen, dass sie nicht nur das Trauma in Form von Bildern gesehen haben, sondern auch den Geruch der Szenerie in der Nase, und die Umgebungsgeräusche gehört haben. Das alles bedeutet, »Energie« zu sehen. Das reine Aura-Sehen ist nur ein kleiner Teil von dem, was der Teilnehmer in der Schule lernt.

Denn erst, wenn man wirklich sehen kann, kann man erfolgreich Energien – seien es Ahnenenergien oder einfach nur verdichtete Energie in Form von Pfeilen, Schwertern oder Messern – extrahieren, also aus dem Leuchtfeld des Klienten löschen. Ich habe selbst Heilerschulen besucht, aber niemals eine abgeschlossen. Ich fand in keiner Schule eine Lösung meines »Seherproblems«, d.h. den Wunsch meine äußerst ausgeprägte Hellsichtigkeit ein wenig steuern zu können.

Auch die so wichtigen Techniken der Veränderung von Energien sind Bestandteil des Seherkurses. Denn was würde es dem Klienten nutzen, wenn wir nur die Energien sehen könnten, sie aber nicht entfernen würden?

Viele Klienten kommen zu uns ins Institut, weil sie von »Sehern« oder Wahrsagern gesagt bekommen haben, dass sie eine Besetzung in sich tragen oder in früheren Leben schon einmal Schlimmes, sehr Schlimmes erlebt haben.

»Und?«, fragen wir oft, »warum hat man Sie damit nach Hause geschickt?«

Wir schicken einen Klienten erst nach Hause, wenn die Energien auch entfernt wurden. Denn die Teilnehmer lernen nicht nur zu sehen, sondern auch, das zu entfernen, was dunkel war. Da wo Schatten geht, kommt Licht hinterher.

Deshalb hört der Klient auch erst am Ende der Sitzung Geschichten über das, was der Energieseher gesehen hat. Dann ist die Geschichte schon vorbei, da die Energieblockaden ja extrahiert wurden. Der Klient geht, bezogenen auf sein Thema, rein nach Hause und kann beruhigt alles vergessen.

Der Seherkurs ist ein sehr beliebter Kurs, da er sowohl von den Teilnehmern des Basiskurses gebucht wird als auch von Teilnehmern anderer Schulen. Ein weiterer Grund ist der zweite Teil, in dem Teilnehmer die so wichtige Seelenrückführung lernen. Die Seelenrückführungen sind im Grunde genommen eine Rückführung, ein »Zurückholen« von Lebensenergie, die irgendwann einmal verloren gegangen ist. Und das kann selbst vor hunderten von Jahren gewesen sein (die Skeptiker werden jetzt die Augen verdrehen). Das Zurückholen dieser ursprünglichen, essentiellen Lebensenergie kann Wunder wirken. Aus meiner praktischen Erfahrung kann ich berichten, dass die schwersten Themen durch Seelenrückführung geheilt werden können.

All das ist der Seherkurs. Am Ende lernen die Teilnehmer noch die Technik, sich gegenseitigen per Telefon zu behandeln. Die meisten der Teilnehmer versetzt diese Technik in ehrfürchtiges Staunen – vor allen Dingen, wenn der Erfolg der Behandlung hinterher von demjenigen bestätigt wird, mit dem gearbeitet wurde. Die Rückmeldungen sind sensationell. Wenn man all das dokumentieren könnte, wäre es wirklich filmreif.

Alle Teilnehmer können nach dem Seherkurs Energien sehen. Noch nie habe ich erlebt, dass ein Teilnehmer es danach nicht beherrschte. Ich bin derart von der Qualität der Ausbildung überzeugt, dass ich mich von meinen Schülern selbst behandeln lasse.

Nach dem Seherkurs verfügen die Teilnehmer über alle Techniken, sich gegenseitig energetisch zu heilen, von Energien aus diesem Leben und von Energien aus vergangenen Leben. Dann fühlen sie sich sicher. Sehr sicher. Denn durch die Möglichkeit, sich gegenseitig über die Distanz zu heilen, wir ihnen klar, dass sie einfach nur bei einem anderen Teilnehmer anrufen und eine Sitzung verabreden müssen. Niemand fühlt sich mehr allein. Es gibt genug Menschen, mit denen man arbeiten kann. Kein Problem muss wegen räumlicher Distanz unbearbeitet bleiben.

Die Lebensaufgabe erfahren: Visionskurs

Aber all das dient eigentlich nur einem: Der Vorbereitung auf das, was noch kommt. Im Visionskurs lernen die Teilnehmer, sich darum zu kümmern, wofür wir eigentlich auf der Welt sind: Die Fähigkeit zu nutzen, sich unsere Welt zu erschaffen, um damit letztendlich unsere Lebensaufgabe, unsere Bestimmung in Form von Selbstverwirklichung zu erfüllen. Und das in allen Bereichen des Lebens: Beruf (Berufung), Liebe/Partnerschaft, psychische Gesundheit, physische Gesundheit.

Das zentrale Merkmal des Visionskurses besteht im dem energetischen Loslassen dessen, was uns an der Verwirklichung unserer Bestimmung in diesen Lebensbereichen wirklich aufhält. Die energetische Arbeit des Basiskurses oder des Seherkurses diente nur der konsequenten Vorbereitung.

Im Visionskurs »springen« wir quasi in das frische, abenteuerliche Wasser unseres Lebens.

»Ja – ich lade alle dazu ein«.

Hinweis:

Auf der Website http://www.shamanic.de/ finden Sie viele Informationen zur Arbeit der Energieschule.

Besuchen Sie uns doch unter: http://www.shamanic.de/

Wenn Sie Anregungen haben, dann schreiben Sie bitte unter institute@shamanic.de

Erfahrungsberichte

Die Erfahrungsberichte sind sowohl von den Teilnehmern der Energieschule als auch von unseren Klienten geschrieben worden. Um die Authentizität zu erhalten, sind die Texte ungekürzt und auch sprachlich nicht überarbeitet. Die folgenden Berichte stellen nur eine kleine Auswahl an Erfahrungsberichten dar.

•

Lieber Martin, Heute, 2 Tage nach der Heilreise, habe ich schon keine Schmerzen mehr und die riesigen Wunden, die nach der Infektionskrankheit blieben, haben aufgehört zu eitern und sind fast über Nacht so gut wie verheilt. Natürlich wird es noch eine Weile dauern, bis sie verschwunden sind, und es werden riesige Narben bleiben, aber die stören mich nicht. Endlich keine Schmerztabletten mehr! Ich habe zwar inzwischen vom bittersüßen Nachtschaffen gelernt, die starken Schmerzen in Hitze zu verwandeln, aber das ging leider nicht immer, weil ich die Konzentration nicht aufbringen konnte.

Irgendwie hatten wir beide immer das Gefühl, dass, wenn wir diese Krankheit überstanden haben, etwas Neues beginnt, was mit unserer gemeinsamen Lebensaufgabe zu tun hat und was vieles und auch uns verändern wird. Wir sind gespannt….

Wir danken Mutter Erde für ihre Weisheit, die dafür sorgte, dass wir dich kennenlernten und dir für deine Liebe.

Auch, wenn wir wissen, dass du sicher wenig Zeit hast, würden wir uns sehr über eine Anwort von Dir freuen, Martin.

Liebe Grüße auch von Udo

Johanna

•

Hallo, lieber Martin,

hier schreibt Dir der nicht ganz hoffnungslose, aber doch schwere Fall.

Deine Worte klingen mir immer noch in den Ohren.

Ich habe das Gefühl, Du freust dich vielleicht über ein wenig Feedback. Meine letzte Heilreise mit Dir hat mir sehr, sehr gutgetan. Nachdem die ersten Treffen doch leider für mich recht negative Wirkungen gezeigt hatten. Aber ich hoffe, das Schlimmste habe ich nun hinter mir. Außerdem bemühe ich mich sehr der Aufforderung der Spirits Folge zu leisten und "still zu sitzen". Und doch möchte ich weitermachen, so schnell wie möglich, denn ich habe nun lange genug das Gefühl gehabt, ein völlig falsches Leben zu führen. Deine letzte Heilreise hat mir so viele unbeschreiblich wertvolle Geschenke gebracht, dass ich mich noch einmal bei Dir dafür bedanken will. Vielen Dank!!!

Auch meinen Freundinnen hat es gut gefallen, nur eine Kleinigkeit ist bei ihnen mehrmals zur Sprache gekommen, nämlich, dass sie das Gefühl hatten, während der Reise von einem Raum zum nächsten "getrieben" zu werden. Es ging alles viel zu schnell, so dass es schwierig war alles wahrzunehmen und einzusammeln. Das war nun keine Kritik, nur eine Wiedergabe ihre Erzählungen.

Ich hoffe, es geht Dir genauso gut, wie es mir im Moment geht. Danke!!!

Vielleicht rufe ich Dich am Montag an um zu erfahren, wann ich weitermachen kann und was der nächste Schnitt ist. Bis Montag!!! Schönes Wochenende. P.

•

Guten Morgen, Martin,

vielen Dank für die Mail. Mir hat die Behandlung sehr gut- getan. Ich fühle mich sehr viel besser. Ein leichtes "Grummeln" im Bauch verspüre ich noch. Vielleicht brauche ich noch eine Behandlung. Zur Zeit fühle ich mich sehr viel entspannter und ruhiger.

Alles Liebe Ute

•

Hallo Herr,

meine Skepsis ist nun gewichen. Ich habe meine Beinschmerzen schon seit 8 Wochen nicht mehr. Erst dachte ich, das sei nur eine Phase, aber sie kommen tatsächlich nicht wieder. Ich denke bloß noch daran, ständig. Aber weh tut gar nichts mehr. Ich soll ja nicht so viel denken, ...also höre ich damit auf und freue mich!!!!!

Vielen vielen Dank,

H.R.

•

Im Frühjahr 2005 war ein sehr schwerer Sturm. Ich war zu der Zeit im Sportstudio. Als ich zu meinem Auto kam, war ich geschockt, denn zwei dicke Äste eines Baumes lagen neben meinem Auto. Das Auto war übersät mit Erde, Baumrinde und Ästen. Das Autodach wies mehrere tiefe Dellen und Kratzer auf. Die Windschutzscheibe war völlig eingeschlagen. Seltsam war nur, dass alle anderen Autos auf dem Parkplatz völlig unbeschädigt waren, nur mein Auto war getroffen! Mich stimmte dieses Ereignis sehr nachdenklich, und ich hatte das Gefühl, als wäre das ein Zeichen. Ich rätselte: Autodach mit Dellen, Auto hat mit Autonomie zu tun. Haut etwas gegen meine Autonomie oder bin ich zu sehr im Kopf(Dach)? Wie kann ich wieder klarer sehen(Windschutzscheibe)? Ich sprach mit einem Freund und Kollegen, der sagte ich müsste mich wohl von etwas Altem (symbolisch "alte Äste") trennen.

Von meiner Autoversicherung erhielt ich 1.500 Euro für meine Autosturmschäden.

Im Mai 2005 lernte ich Martin Brune über eine Freudin kennen. Ich kam zunächst als Klientin zu ihm. Ich erlebte meine erste Heilbehandlung und war berührt, tief beeindruckt und erleichtert. Seit der Behandlung hatte und habe ich das Gefühl, als wäre mir eine schwere Last genommen worden. Ich fühle mich seitdem leichter, freier und verbundener. Das Alte (siehe alte Äste) waren alte Energien, alte Verbindungen, die im Healing gelöst wurden.

Ich entschied mich bei Martin das Basisseminar zu besuchen. Die 1.500 Euro hatte ich von meiner Autoversicherung schon bekommen. Seitdem besuche ich die Energieschule und arbeite bei Martin

Brune als Assistentin stundenweise in der Praxis des Shamanic-Healing-Instituts. Ich erlebe die Arbeit dort als große Bereicherung für mich persönlich und auch für meine Arbeit als Heilpädagogin, Kindertherapeutin und Heilpraktikerin. Bis heute bin ich immer wieder neu beeindruckt von den raschen Heilerfolgen.

Hier einige Fallbeispiele:

Eine meiner ersten Klientinnen war meine Mutter, die seit 20 Jahren täglich 1-2 Tabletten Abführmittel nahm. Während der ersten Behandlung fing es im Bauch meiner Mutter an zu arbeiten, und es waren laute Magen -und Darmgeräusche zu hören. Meine Mutter hatte direkt an dem Behandlungstag dreimal Stuhlgang. Sie setzte danach die Mittel ab.

Vor einigen Wochen behandelte ich in der Praxis eine junge Klientin, die zu einer Zweitbehandlung kam. Auf Nachfrage, wie es ihr nach der Erstbehandlung bei Martin ergangen war, berichtete sie, dass ihre Schlafstörungen und Albträume, unter denen sie seit über 20 Jahren litt, verschwunden waren. Sie war über Jahre in medizinischer Behandlung und in Psychotherapie.

Eine andere junge Klientin kam zu mir zu einer dritten Heilbehandlung. Martin war plötzlich an diesem Termin verhindert. Als ich dieses der jungen Frau mitteilte, meinte sie, das sei für sie völlig okay, denn sie vertraue meinen Fähigkeiten. In der vorherigen, also ihrer 2. Behandlung bei mir allein, war ihr Thema der erhöhte Testosteronspiegel und der seit Jahren gestörte Menstruationszyklus. Sie hatte seit über einem Jahr keine Menstruationsblutung mehr. Über Jahre wurde sie mit Hormonen behandelt und ihr konnte nicht geholfen werden. Fünf Tage nach der 2. Sitzung Shamanic-Healing setzte ihre Menstruationsblutung wieder ein.

Meine Schwester erfuhr durch die Behandlung Linderung in Bezug auf ihre kalten Füße. Eine Freundin beschrieb seit der Behandlung mehr bei sich zu sein, sich mehr zu spüren und sich innerlich nicht mehr so stark mit den Problemen anderer zu belasten. Eine andere Freundin konnte den überraschenden Tod ihrer Mutter leichter verarbeiten. Ich hatte sie fernbehandelt. Spannend war, dass ich ihr ein Heilungsräucherstäbchen aus dem Himalaya angezündet hatte. Nach der Fernbehandlung sagte meine Freundin als erstes, dass sie einen Räucherstäbchengeruch aus Asien wahrgenommen hatte und dass sie sich sicherer und geborgener als vorher fühlte. Ich könnte noch viele ähnliche Beispiele benennen und beschreiben, nur würde das in diesem Kontext den Rahmen sprengen.

Alles Liebe, Elke

•

Hallo Martin,

danke für die wunderbare Sitzung gestern – mir geht's viiiieeel besser als vorgestern, fühl mich wieder gestärkt und nicht mehr so schwer und traurig. Freu mich schon auf ein Weitermachen. S.F.

•

Hallo Martin,

nach unserer Sitzung habe ich mich sehr befreit gefühlt, auch die Angst ist seither nicht mehr aufgetaucht. Ich war schon beeindruckt, wie genau die Bilder meine Innenwelt getroffen haben.

Vielen vielen Dank und liebe Grüße aus Berlin,

C.

•

Christina Secker

Dipl. Grafikdesignerin / angehende Sängerin / bald auch Lebenscoach aus München

Ich hatte drei schamanische Heilsitzungen bei Herrn Brune. Allerdings werde ich nur auf die erste Sitzung näher eingehen, da diese am interessantesten zu beschreiben ist. Ich möchte keine dieser Sitzungen missen, auch wenn die zweite Sitzung nicht so erfolgreich wie die erste und dritte Sitzung verlief, was ja auch mitunter an meiner noch vorhandenen Kopflastigkeit lag. Ich möchte durch die Möglichkeit, mich in diesem Buch, über die schamanische Arbeit zu äußern, unbedingt betonen, dass eine solche Arbeit Standard in unserem heutigen Gesundheitssystem werden muss!

Ich möchte allen Menschen Mut machen, denn Gesundheit und Heilung sind möglich! Allerdings nur, wenn wir den Energiesehern, Heilpraktikern, Homöopathen u. a. eine Chance geben uns mit natürlichen Mitteln heilen zu lassen und uns nicht nur der Spezies der doch leider viel zu kopflastigen Ärzte anvertrauen, die uns jahrelang mit den vielen pharmazeutischen Arzneimitteln mehr Krankheit gebracht haben, als wir uns vorstellen können.

In der ersten Sitzung mit Herrn Brune, ging es bei mir um das Thema der »Berufung«.

Da ich mich aufgrund meiner vielen Talente beruflich sehr oft hin und her gerissen fühle, wollte ich mehr Klarheit für mich bekommen. Zudem wollte ich den dadurch entstehenden inneren Druck loswerden. Ich wollte bei allem was ich tue Freude und Spaß empfinden bzw. zumindest mir keine Vorwürfe mehr machen müssen und das dabei entstehende negative Geplapper meines Egos (Gedanken) »Du musst das noch erledigen« oder »Du hast dies nicht gemacht« usw. unbedingt loswerden.

Nachdem Herr Brune und ich das Thema in etwa 4 min. gefunden hatten, hauchte ich meinen Atem mit meiner vorhandenen Emotion 3 x Mal in den Telefonhörer und legte danach das Telefon auf. Ich entspannte mich auf meinem Futon, schloss die Augen und wartete, was nun passieren würde. Nach ca. 5 min. spürte ich, wie etwas, es könnte ein Stab gewesen sein, sich in meinem Herzchakra kreisförmig bewegte. Das war alles, was ich in der ersten Sitzung wahrnehmen konnte. Bilder und andere Empfindungen konnte ich leider nicht wahrnehmen, aber die rotierende Bewegung in meinem Herzchakra hat mich sehr beeindruckt.

Nach der Sitzung rief ich Herrn Brune wieder an und wir besprachen, was er gefunden hatte. Herr Brune erklärte mir, dass im Herzchakra unter anderem die Vision vom Leben sitzt. Dort hat er eine männliche Energie, eingeklemmt in einer Art Bärenfalle vorgefunden, die mich sozusagen gefangen hielt. Er hat diese Bärenfalle nur unter großer Anstrengung öffnen können, wodurch die männliche Energie als Lichtstrahl nach oben abgegangen ist.

Nach der Sitzung fühlte ich anfangs nichts Besonderes. Ich wusste aber von einer Freundin, dass meine alten Muster verstärkt auftreten können, so dass es besser sei zu Hause zu bleiben, was ich auch tat. Nach etwa drei Stunden wurde ich zum richtigen »Negativling« hoch 10. Ich habe meine beste Freundin angerufen, die dann alles abgekriegt hat. Zum Glück hatte ich Alexandra vorher darauf vorbereitet. Alte Muster von einem sinnlosen Leben und Selbstmordgedanken kamen wieder hoch. Ich sah viele Dinge sehr viel negativer, als diese es eigentlich sind. Das ganz hielt etwa ein Tag an, dann verschwanden die negativen Empfindungen und ich hatte zwei Tage lang so viel Energie, wie noch nie in meinem Leben zuvor. Ich strahlte förmlich von innen heraus und arbeitete zwei Tage bis tief in die Nacht hinein und ging jeweils erst um 7.30 Uhr in der Früh, müde, aber sehr zufrieden schlafen. Diese Energie wünsche ich jedem Menschen!

•

Es ist unglaublich, lieber Martin: Letzter Ferientag 20 Uhr – und nicht eine einzige Unterrichtsstunde ist vorbereitet (morgen allein 8 bei 3 verschiedenen Fächern), und trotzdem verspüre ich keinen lähmenden, knebelnden Druck!! Im Gegenteil-, ich kann darüber lachen, bin so guter Dinge und unbeschwert!!! wie lang nicht mehr!

Well done to both of us, S.

•

Hallo!

Nachdem ich an einem Heilseminar von Martin teilgenommen und im Verlauf dieses Abends auch von seiner Heilerschule erfahren hatte, verspürte ich den starken Wunsch, diese Schule zu besuchen. Ich berichtete auch meinem Freund von diesem Abend, der dazu beigetragen hatte, dass meine chronischen Ohrenschmerzen besser wurden, und er bestärkte mich darin, uns beide anzumelden.

Die ersten Tage waren für mich persönlich sehr hart. Ich hatte schon einen Tag vor der Anreise kaum geschlafen, da mich ein schrecklicher Husten plagte, der mich bis Mitte der Woche so richtig wach hielt. Die Feuerzeremonie am ersten Abend dauerte meinem Empfinden nach ewig und ich konnte kaum noch singen, da meine Stimme versagte.

Das Arbeiten mit den anderen TeilnehmerInnen fand ich im Vergleich dazu sehr spannend. Obwohl viele keine Ahnung hatten, was sie da eigentlich wirklich machten, schien sich tiefgreifend bei allen Teilnehmern etwas zu lösen. Ich genoss vor allem die angenehme Atmosphäre, die sich nach dem Öffnen des heiligen Raumes einstellte und besonders beeindruckend fand ich den Abend, an dem uns die Seherrechte übergeben wurden. Ich war schon immer feinfühlig und etwas hellsichtig, nur konnte ich diese Gaben nicht richtig deuten, geschweige denn anwenden. Nachdem mir Martin diese Rechte verliehen hatte, sah ich plötzlich viele wundervolle Bilder von alten Gebäuden und Pflanzen, die sich sehr gut mit der Hintergrundmusik ergänzten. Es war, als hätte sich eine Tür zu einer neuen Welt aufgetan.

Auch die Verleihung der Schutzbänder war wunderbar. Die Assistentinnen von Martin wirkten wie Engel und die Stimmung war sehr andächtig. Als ich am nächsten Morgen aufwachte, machte sich die Wirkung der Bänder schon bemerkbar. Ich sah, wie von oben etwas Dunkles auf mich fiel, aber als es auf meinen Lichtkörper traf, wurde es wie von einem Gummiband zurückgeschleudert.

Am Donnerstag, nachdem alle mich betreffenden Themen, die wir schon am Anfang des Kurses festgelegt hatten, sehr erfolgreich gecleared worden waren und sich mein Herz-Chakra um einiges leichter anfühlte, ließ ich endlich meinen Husten behandeln. Mein Energieseher erzählte mir danach, dass er eine Magd am Feld gesehen habe, die trotz starkem Regenwetter arbeiten musste und einen schlimmen Husten hatte. Das Thema, das hinter der Energieblockade stand und sich als Husten manifestierte, schien folglich aus einem früheren Leben zu stammen – am nächsten Tag war der Husten vollkommen verschwunden.

Durch eine Übung, bei der wir die Natur beobachten sollten, entdeckte ich auch, dass ich mit der Natur reden kann, und bei der zweiten Feuerzeremonie hatte ich das Gefühl, eins mit dem Feuer zu werden. Ich verspürte weder Kälte noch Müdigkeit und überhaupt hatten alle Teilnehmer nach der Zeremonie das Gefühl, in der Dunkelheit »heller« sehen zu können.

Die ersten Wochen nach dem Basiskurs schien es mir, als lernte ich die Welt von Grund auf neu kennen. Mir war, als würde ich mich wie eine Schlange beständig häuten und offener werden; zwar verspürte ich an manchen Tagen den Wunsch, einfach im Bett zu bleiben und niemanden zu sehen, doch nachdem ich diese Phase überstanden hatte, empfand ich mich und meine Umgebung als viel heller, leichter und fröhlicher.

So hat sich durch den Kurs vieles ins Positive gekehrt und auch das Band zwischen meinem Freund und mir wurde noch enger geknüpft.

Unsere Auseinandersetzungen laufen jetzt so ab, dass wir uns nicht mehr in Schuldzuweisungen verlieren, sondern fragen, welches Thema hinter der Reaktion des jeweils anderen stehen könnte und dann gibt es ein Clearing.

Weil sich durch sie in mir große Veränderungen abspielten, empfand ich sie selbst kurz nach dem Kurs als sehr ermüdend, mittlerweile genieße ich jedes Clearing und freue mich darüber, meine Mitmenschen mit Hilfe der Spirits unterstützen zu können.

Mein Freund und ich haben mittlerweile sogar ein eigenes Zimmer für Clearings eingerichtet, wo alle Elemente und Krafttiere vertreten sind.

Petra

•

Hallo Herr Brune,

Anfang März hatte ich meine Telefonsitzung mit Ihnen. Mein Hauptthema war die nicht enden wollende Beziehung zu meiner Exfrau. Wir hatten oft Streit und Diskussionen, die mich im Inneren aufwühlten und mich auch privat und beruflich nicht ruhen ließen. Jetzt, 5 Wochen später, haben wir weit weniger Streit und, das Wichtigste dabei, es beschäftigt mich nur noch auf sachlicher Ebene und wühlt mich nicht mehr so auf. Weiterhin haben Sie auch an meinem dritten Chakra gearbeitet. Ich kann seit dem feststellen, dass mir vieles leichter von der Hand geht und Bewegung in Dinge kam, die seit langem stockten. Also Danke noch einmal auf diesem Weg.

Mit freundlichen Grüßen
Thomas

•

Hi Martin,

Danke für Deine Mail.

Bei mir sind einige Denkprinzipien anders geworden. Ich kann, seit wir zusammen arbeiten, mehr leben und leben lassen. Das freut natürlich mein Team.

Bis später Dein R.

•

Hallo Martin,

ich hab die Zeit seit dem ersten Kurs mal Revue passieren lassen. Vielleicht ist etwas dabei, das Du brauchen kannst...

Sehr lange hatte ich immer mal wieder Sitationen, bei denen ich Bedenken hatte verrückt zu werden. Ich hab mir dann Bücher gesucht, in denen genau mein Erlebtes beschrieben stand und es war wieder ok. Hab allerding auch mit niemandem darüber geredet. Wobei meine Wahrnehmungen immer nur für kurze Momente waren, aber das hat mir schon gereicht!! So ging der Weg immer weiter.

Allerdings wäre ich nie auf den Gedanken kommen, unter den Energiesehern zu suchen. Dagegen hatte ich eine »natürliche« Abwehr, alles Spinner. Aber dann...

In den Seminaren fand mit einmal alles sein Gesamtbild, bis hin zu den Geräuschen. Mein »Verrücktes« war dort so normal, dass ich das wieder verrückt fand. So einfach ist der Verstand nicht zu kriegen!

Als Teilnehmerin habe ich besonders im zweiten Seminar viel erlebt. Ganz alte Themen sind mir klar geworden. Vom Verstand war mir dies schon länger klar, arbeite ich doch in der Lebensberatung mit dem Schwerpunkt »inneres Kind« und mit Textmeditationen zum Loslassen. Allerdings kam noch eine ganz neue Qualität zum Vorschein: Hass. Diese Intensität war mir völlig neu und fremd und doch bekannt. In einer Sitzung hatte meine Energieseherin dann auch gut zu tun und erntfernte eine Besetzung, die sie mir absolut stimmig mit meinen Themen beschrieb. Ich war völlig platt. Und es hat einfach nur gut getan, ihn loszusein. Bis heute! Vieles hat sich verändert. Fast wie ein neues Leben. Vor allem nehme ich viel deutlicher wahr, was sind meine Interessen und Wünsche, was haben andere für eine Wirkung auf mich? Wo übernehme ich etwas?

In meiner Arbeit mit Klienten habe ich so langsam aufgehört, erstaunt zu sein oder mich zu wundern. Ich vertraue einfach. Und im Gegensatz zu meiner sonstigen beruflichen Tätigkeit ermüdet mich diese Arbeit nicht. Mit einer Klientin habe ich 5 Sitzungen gehabt und zum Ende meinte sie »wow, ich hab mir meine Notizen angeschaut, und wir haben alle Gefühle bearbeitet«. Sie war ganz erstaunt, der Kreis hatte sich geschlossen. Sie könne neue Wege gehen und es war in der Abschlusssitzung einer dieser »heiligen Momente«, wo einfach nur Frieden und Dankbarkeit herrschten.

Eine andere Klientin war von einer sehr starken inneren Unruhe betroffen. Sie konnte nicht mehr abschalten und war eh ein Energiebündel. Als ich in die Energie geschaut habe, war dort ein riesiger Schwarm Hornissen, der die Ursprungsenergie gut in Fahrt hielt. Es war jedoch auch eine sehr heitere Stimmung dort, genau so, wie ich es im Moment erlebte. Die Energie veränderte sich und sie konnte tief und ruhig atmen. In den nächsten Tagen schaute sie immer mal wieder rein und berichtete, wie ausgeglichen sie sich fühlte.

Bei einer anderen Klientin haben wir ihre Hilflosigkeit in Bezug auf Mobbing bearbeitet. Sie schrieb nach einigen Wochen und bedankte sich für die Sitzung, da sie nun ganz anders mit der Situation umgehen könne.

Eine Klientin hatte ihren Sohn verloren und war daraufhin schon bei einer Schamanin im Amazonas gewesen (nicht dass mich das unter Druck gesetzt hätte *grins*). Ihr Sohn wollte dort in einem Hilfsprojekt arbeiten und sie hat dieses Projekt in seinem Namen unterstützt. Vor unserer Sitzung träumte sie von ihm. In der Sitzung konnte ich die Verbindung, die Energie sehen. Die Energie verabschiedete sich liebevoll (wenn man das so nennen kann) und ging ins Licht. Der Schmerz ging und Dankbarkeit blieb. Sie versuchte über die nächsten Tage immer wieder in den Schmerz zu gehen, aber er war nicht mehr zu spüren.

Wenn du magst, kannst Du gerne etwas verwenden.

Liebe Grüße und schöne Ostern

Sabine

•

Hallo Martin,

J. war gestern noch sehr gut drauf. Heute morgen, wie er den Rest Hausaufgaben machen musste, ist das dann wieder etwas abgebröckelt. Zuerst meinte er sogar, das habe ja gar nichts gebracht bei dem Mann gestern. Er hat sich dann aber im Verlauf der Hausaufgaben sehr gut gefangen, was nicht unbedingt immer so ist, und hat sie in relativer Ruhe und ziemlich selbstständig fertig gemacht.

Dir noch einen schönen Abend, bis morgen. P.

•

Hallo Martin,

gern möchte ich an Deinem Gesamtwerk teilhaben und sende Dir zwei völlig unterschiedliche Fallberichte, aus denen Du Dir bitte das für Dein Buch richtige heraussuchst.

Ich hatte eine Frau zur handchirurgischen Nachsorge, bei der sich nach einer komplizierten Handwurzelfraktur ein Morbus Sudeck entwickelt hatte in Behandlung. Die Ursache dieser sehr schmerzhaften und langwierigen Folgeerkrankung ist aus schulmedizinische Sicht bislang ungeklärt.

Frau A. konnte ihr Arbeitshand nicht mehr einsetzen und ihrem Beruf nicht mehr nachgehen, was zusätzlichen psychischen Druck ausübte. Nach zwei energetischen Heilungen war der M. Sudeck verschwunden. Frau A. benötigte noch kurze Zeit Physiotherapie, um die entstandenen Bewegungseinschränkungen zu beheben.

Die Mutter eines 11-jährigen Jungen mit der ärztlichen Diagnose ADS (Aufmerksamkeitsdefizitsyndrom ohne Hyperaktivität = Träumervariante) bat um einen Termin für eine energetische Heilbehandlung. Sie berichtete mir, dass ihr Sohn P. seit seiner Geburt unter Schlafstörungen leide, die sich mit Schuleintritt noch verstärkten.

P. wache fast jede Nacht weinend und schreiend auf. Entsprechend unausgeschlafen gehe er morgens in die Schule und sei nicht in der Lage, trotz ausreichender Intelligenz, dem Unterricht zu folgen. Er vergesse ständig wichtige Dinge, die in der Schule benötigt werden, oder er wisse nicht, was er an Hausaufgaben zu machen habe. Durch die angespannte Situation leide auch die Harmonie in der Familie.

Als P. 8 Jahre alt ist, entschließen sich die Eltern zu einer medikamentösen Therapie, deren einziger Erfolg ist, dass P. sein kindliches Wesen völlig verliert und fast depressiv wird. Die Mutter setzt daraufhin das Medikament ab.

Nach einer energetischen Heilbehandlung, in der sehr stark manifestierte Blockaden im Energiefeld gelöst und abgebaut wurden, schläft P. lt. späterer Rückmeldung der Mutter jede Nacht ohne Unterbrechung durch. Er geht ausgeschlafen in die Schule, ist wach und kann dem Unterricht aufmerksam folgen. Seine Leistungen sind deutlich gesteigert und er wird den Lernstoff der Realschule sicher schaffen. So, Martin das war`s. Liebe Grüße Gabi.

•

Hallo Martin,

Manchmal passiert es, dass ich während einer Massagebehandlung im Hotel den Menschen spontan über die schamanische Methode der Heilung erzähle und sie einen Termin mit mir vereinbaren. So geschah es mit einer sympathischen Frau aus dem

Ausland, die mir erzählte, dass sie die Herausgeberin eines großen Home&Living Magazins sei. Ihr Thema war, dass sie Angst davor hatte, sich für das Magazin oder aus anderen Gründen fotografieren zu lassen. Sie fühlte sich immer »unpassend« auf ihren eigenen Fotos. In den letzen Jahren war daraus ein regelrechter Widerwille entstanden, der sie auch in anderen Lebenslagen belastete.

Während der Sitzung passierte eine tiefe Heilung im zweiten Chakra, welche von einer unbeschreiblichen Heiterkeit und tiefen Dankbarkeit begleitet wurde. Als sie nach knapp 30 Minuten wieder die Augen öffnete, bemerkte ich, dass sich ihr ganzer Gesichtsausdruck verändert hatte. Ihre Wangen schimmernden rosig und die einzelnen Züge sahen verfeinert und gütiger aus. Ihr gesamtes Auftreten wirkte viel liebevoller und kräftiger. Mit einem inneren Leuchten schaute sie mich an und sagte mit Tränen in den Augen: »I cannot believe it! I feel beautiful for the first time in my life.«

Einen Monat später schickte sie mir die neuste Ausgabe ihres Magazins mit einem Bild von sich auf der ersten Seite und einem Lächeln, das die Welt verzaubert.

Frank Herrmann
White Stone Lounge
Frankfurt

•

Hi Martin,

ich habe ein ganz anderes Gefühl zu den Menschen um mich herum, gestern z.B. zu meinen Kollegen. Ich fühl mich nicht mehr so klein und – ja – die Bedürftigkeit ist weg, das wird es wohl sein. Ich krieg auch ein ganz anderes Verhältnis zu der Umwelt, gehe grad total gerne tagsüber bei jedem Wetter spazieren, aber neulich auch mitten in der Nacht durch den dunklen Wald, das war schon klasse. A.

•

Lieber Martin, liebe Conny,

gerne schreibe ich einige Zeilen zu meinen bisherigen Erfahrungen in und nach dem Basis-Seminar.

Zu Beginn des Seminars war ich zunächst eher zurückhaltend und an manchen Stellen auch skeptisch, besonders bei den Ritualen. Nach und nach bemerkte ich jedoch, daß etwas Schweres, Bedrückendes von mir abfiel, etwas, das ich schon seit meinen Kindertagen fühlte.

Ich entdeckte Fähigkeiten in mir, die mir bis dahin in dieser Form nicht bekannt und bewusst waren. Seither fühle ich mich noch inspirierter und tiefer verbunden mit dem "großen Spirit". Völlig überrascht war ich, als nach einer Übung mit einer anderen Teilnehmerin, diese mir mitteilte, dass ich Aspekte aus ihrem Leben so konkret beschrieben und "gesehen" hätte, dass es ihr zunächst sogar unangenehm war. Einen Tag später jedoch teilte sie mir mit, wie froh sie sei, endlich mit diesen Themen auf neue Art in Kontakt gekommen zu sein, sie fühle sich viel leichter und froher gestimmt, nachdem wir an diesen Themen gearbeitet hatten. Ich selbst hätte nicht gedacht, dass ich in der Lage sein sollte, so rasch mit einer "simplen" Übung so tief schauen zu dürfen und zu können. Es zeigte mir wieder einmal, dass wir letztlich alle EINS sind. Die inneren Bilder der Energiezentren sehen zu dürfen und wie sie sich immer mehr zum Positiven hin verändern, während des Arbeitens mit ihnen, finde ich sehr kostbar und heilend, für beide Menschen. Seither bringe ich diese Arbeit auch in meine Praxis ein und zeige und sage noch mutiger, was ich wahrnehme. Zu Beginn war es für mich etwas merkwürdig, die Rassel zu benutzen, um die inneren Bilder besser sehen zu können und den Spirit zu rufen, aber nach einigen Tagen war es für mich völlig in Ordnung. Die Menschen nehmen es an und berichten anschließend selbst von ihren Wahrnehmungen, während des "Lesens" und "Behandelns" der Energiezentren. Lieber Martin, vielen Dank für diese Art des Schauens. Ich freue mich auf die weiteren vertiefenden Seminare.

So, das ist mein Beitrag.

Ich schicke Euch liebe Ostergrüße und freue mich auf das nächste Seminar. Herzlichst, Agnes

•

Hallo, seit 2 Jahren habe ich Schwierigkeiten mit Energien, die auf mich einströmen und die nicht die meinigen sind. Sie rauben mir meine Kraft, lösen massive Ängste in mir aus, bedrohen mein Grundwesen. Körperlich wirkt sich das so aus: Abends falle ich bereits um 21:00 Uhr völlig erschöpft ins Bett, der Schlaf scheint kein erholsamer zu sein. Mir ist, als würde ich nachts wachen. Im letzten Sommer hat mein Körper eine Kälteallergie entwickelt. Unglaublich, wie eine leichte Brise auf der Haut Kälte verursacht. Meine Haut reagiert mit Brennen, rötet sich, glüht wie bei einem Sonnenbrand und schwillt an. Stechende Schmerzen im linken Brustbereich kommen und gehen und werden untersucht. Vielleicht sind sie muskulär bedingt. Im Herbst 2005 entwickeln sich Ängste, die mich dazu führten Aufgaben zu übernehmen, die mich überforderten. 3 Jobs, ehrenamtlicher Vorsitz. Diese Ängste wurden von anderen abgelöst, die massiver noch mein Selbst belasten, permanent stören Begriffe meine Gedanken. Fühle mich sehr unwohl, geradezu beschmutzt. Bin unendlich traurig und weiß nicht, warum. Ich rauche und trinke, bin sehr unruhig, angespannt und besuche öfters eine Wallfahrtskirche.

Seit einigen Monaten hängt mir etwas am linken Ohr, ich höre Geräusche, Töne, Rauschen ähnlich einem Funknetz. Plötzlich habe ich das Gefühl, dass ich nicht allein bin, zwei Verstorbene halten mich an den Schultern, jeweils links und rechts einer. Es sind mein Großvater, den ich niemals kennen gelernt habe, und ein guter Freund.

Mein Arzt ist Anthroposoph, begleitet und unterstützt mich – er empfiehlt mir ein Aufstellungsseminar zu machen. In der Aufstellung erfahre ich, dass ich etwas zurückgeben muss, das unlösbar ist, meinem Großvater zugehörig. Der Therapeut meint, es sei höchste Zeit für mich etwas zu tun, ich bin in Gefahr.

Ich soll mit Gutes tun, mich nicht gegen die Ängste wehren, denn dann öffne ich ihnen die Tür! Mir ist nach Rückzug, mag keinem Menschen begegnen. Ich überlege, nehme das Klavierspielen wieder auf, beginne einen Patchwork-Kurs, gehe wieder ins Kampfsport-Training, arbeite im Garten, gehe Joggen, meditiere und versuche im Hier und Jetzt zu sein.

Ich lese Rudolf Meyers: »Vom Sinn des Leidens und der Entwicklung des inneren Lebens« – durch mein Leid wird mein Entwicklungsprozess beschleunigt, na toll.

Einer der Teilnehmer im Aufstellungsseminar bemerkte, das meine Themen vielleicht mit Schamanismus bearbeitet werden könnten. Ich recherchiere und stoße auf das Shamanic-Healing-Institute. Ich lese den Erfahrungsbericht von Martin Brune und entnehme der Website, dass Fernbehandlungen möglich sind, und ohne groß zu überlegen bitte ich um einen Termin. Ich bin sehr aufgeregt und unruhig – aber was könnte schlimmer sein als das, was ich täglich durchmache?

Zum festgelegten Zeitpunkt rufe ich an, bin ganz nervös, kann mich nicht so einfach auf drei Themen festlegen. Herr Brune nimmt zunächst die Traurigkeit auf, ich soll in das Telefon atmen dann auflegen und mich hinlegen. Was dann passiert, ist unglaublich! Im Unterbauch spüre ich wellenartige Bewegungen, die zur Kontraktion in der Bauchmuskulatur führen, der Oberkörper bäumt sich auf – ich fühle mich allein und Traurigkeit stürzt über mich herein, muss hyperventilieren, weiß aber, dass mir nichts passieren kann. Überhaupt habe ich sehr viel mit Atmung zu tun, mir ist als wäre ich mehrfach gestorben. Mein Körper atmet aus, bis nichts mehr geht, immer und immer wieder, manchmal stark manchmal röchelnd. Obwohl meine Augen geschlossen sind, nehme ich Dunkelheit und Licht wahr. Kälte durchströmt meinen Körper, es zieht mich in den Boden. Dann bin ich ein wildes Tier zähnefletschend, kralle mich in den Boden. Aus dem Unterbauch steigen immer wieder wellenartige Bewegungen zum Oberbauch, der Oberkörper bäumt sich auf, der Mund öffnet sich, Atem drängt heraus. Ich fühle mich immer mehr erleichtert. Diese unendliche Traurigkeit hat sich aufgelöst. Ich fühle mich gut.

Die zweite Stunde ist anders: Hier bin ich vorwiegend Tier, das fletscht und faucht. Dann bin ich jemand, der merkwürdig böse und höhnisch lacht. Die Atmung ist mit Stöhnen und Schreien begleitet. Ich bin zum Ende hin entspannter. Fühle mich gut.

Die 3. Stunde steht noch aus. Sie wird sicher spannend. Der Therapeut sowie mein Arzt raten mir mich unbedingt zu erden! Wie soll ich mich erden, ich bin doch hier auf der Erde? Ich soll mich zeichnen und zeichne mich unvollständig!

Die Nachbereitungen der Sitzungen sind interessant, doch da ich schamanisch bisher unbedarft bin, weiß ich noch nicht viel damit anzufangen. Vielleicht ist es auch nicht notwendig. Allerdings habe ich mich nun mit Literatur versorgt um verstehen zu lernen. Ich habe das Gefühl, dass ich mich über die Sitzungen hinaus damit beschäftigen muss. Vielen Dank noch einmal, Petra

•

»Mein Thema mit den Männern ...«

Mein ganzes Leben, bis heute, und ich zähle jetzt fast 34 Jahre, hatte ich ein ängstliches und gespalten-komisches Verhältnis zu Männern. Beziehungen definierten sich immer als äußerst schwierig und Problem beladen, voller Ängste des sich »Einlassens« und »Fallenlassens«. Schon als Kind und Jugendliche ging ich, war ich alleine unterwegs, stets mit eingezogenen Schultern und Kopf umher, um zu vermeiden, dass ich überhaupt als weibliches Wesen erkannt werde.

Angst pur – wovor? Keine Ahnung! Nun war es nicht so, dass ich isoliert und Angst beladen mich von allen Männern fernhielt, nein, im Gegenteil, ich sprang immer wieder frohen Mutes in die Beziehung, hoffend, ab jetzt wird alles anders! Doch jedes Mal endete das ganze in einem Desaster mit Tränen, Liebeskummer oder endlosen Diskussionen. Geliebt? Hab ich! Aber anders als heute. Liebe war für mich mit Schmerz verbunden. Aber das kann ich auch erst heute, in der Reflexion, klar erkennen. Außerdem war mein Leben gesäumt von unruhigen Nächten, Angst-Attacken ab einem bestimmten Alter, ebenfalls nachts und: Fast jede Nacht wurde ich gegen 1.00 Uhr von einem Mann besucht, dessen Gesicht nicht zu erkennen war, dessen Gestalt aber umso bedrohlicher wirkte.

Jahrelang habe ich mir dennoch nicht wirklich Gedanken gemacht, »Albträume, pah – hat ja jeder mal. Bin eben überängstlich …«! Und trotzdem schlauchten mich die nächtlichen »Besuche« und ich war immer unausgeschlafen. Gleichzeitig verstärkten sich die Angst-Attacken immer dann, wenn ein neuer »Lebensgefährte« nachts an meiner Seite war. Spannend! Im Nachhinein jedenfalls.

Auf einem Shamanic Healing Seminar von Martin Brune in Köln, von dem ich über meinen Bruder erfuhr, bekam ich unter allen Teilnehmern eine Demo-»Heilsitzung«, und – es gibt keine Zufälle, dies war der Anfang vom Ende meines Männer-Themas!

Mit gleich zwei Energiesehern arbeiteten sie an mir und teilten mir die interessantesten Bilder mit! Im Anschluss hatte ich eine Woche später eine weitere Sitzung, die mir nicht nur Aufschluss über meine Ängste gab, sondern eine bahnbrechende Änderung meines Lebens zur Folge hatte. Martin machte eine Seelenrückführung und erzählte mir von Bildern, die mir ganz und gar nicht fremd waren, die nur irgendwie immer unter der Oberfläche geblieben waren – bis auf nachts! Alles passte irgendwie zusammen und ein vergangenes Leben erklärte meine Situation in diesem! Aber das Beste: Seit dieser Sitzung hatte ich nicht eine Angst-Attacke mehr, die »Besuche« sind vorbei und die Krönung: Martin sagte, wir würden jetzt mal abwarten, was passiert, denn auch in der Paar-Beziehung, die in meinem Fall natürlich mit Männern verknüpft ist, könne sich dadurch jetzt einiges verändern. Tatsache: Exakt 4 Wochen später lernte ich im Urlaub einen Mann kennen, der sich von allen anderen vorher komplett unterschied. Zum ersten Mal in meinem Leben habe ich eine Beziehung, die gleichwertig ist und ohne »Stress« verläuft. Zum ersten Mal ließ ich mich angstfrei auf jemanden ein und genieße alles, was damit zusammenhängt. Das ist sehr neu für mich! Aber es ist einfach so gekommen, ohne dass ich etwas an MIR ändern musste. Im übertragenen Sinne kann man sagen, dass das eine das andere unbewusst beeinflusst hat. Das stellt sich natürlich erst im Nachhinein heraus. Alles ist miteinander verbunden, alles hat eine Ursache. Zwei Sitzungen haben mein Leben verändert. Das steht fest. Bin gespannt, was immer noch kommen mag – aber heute weiß ich, irgendwann erklärt sich alles! Vielen vielen Dank, Wibke

•

Hallo Martin,

so weit ich in diesem Leben zurückdenken kann, bestand mein Lebensgefühl ausschließlich aus einer Mischung von Scham, Angst und Mangel. Ich schämte mich für mich selbst, fühlte mich ungeliebt und hatte Angst zu sprechen, Angst vor Menschen, vor dem Leben, vor allem. Als Kind war mir das nur vage bewusst. Einmal fragte ich eine Freundin in der Grundschule, ob sie auch unter diesen Gefühlen leide und sie verneinte. Ich war erstaunt und voller Neid. Ich hatte zwar immer Freunde, aber sobald mehr als fünf Menschen um mich herum waren, fühlte ich mich unwohl und wagte nicht mehr zu sprechen. In der achten Klasse blieb ich sitzen, weil ich in keinem einzigen Unterrichtsfach auch nur ein Wort sagte.

Im Alter von etwa sechzehn Jahren wurde mir meine innere Situation vollends bewusst. Ich begann zu reflektieren, fand Erklärungen und erkannte, dass mein Zustand nicht »normal« oder besser: »natürlich« war. Mit zwanzig Jahren entschied ich mich für eine Gesprächstherapie – ein schwieriges Unterfangen für einen Menschen wie mich! Die Therapie half nicht, sie verwirrte mich und machte mich noch unsicherer, als ich ohnehin schon war.

Parallel dazu verschlang ich die Bücher von Castaneda und anderen Autoren über ihre Erfahrungen bei Energiesehern – eine Welt, die für mich unerreichbar schien. Es ging um Heilung, Transzendenz und Freiheit: einfach wundervoll!

Irgendwann gab mir tatsächlich ein Freund die Adresse einer Schamanin in meiner Stadt. Ich konnte es nicht fassen! Ich jubelte innerlich! Meine Zuversicht und mein Vertrauen waren größer als meine Angst. Noch am selben Tag – es war Ostersonntag (!) – telefonierte ich mit ihr. Durch unsere gemeinsame Arbeit erfuhr ich zum ersten Mal eine wirkliche innere Veränderung. Heilungsprozesse waren auf allen Ebenen spürbar. Parallel dazu schienen sich bei mir ähnliche Fähigkeiten zu entwickeln. Nachdem ich meine Ausbildung zur Lehrerin beendet hatte, war klar, dass mein Weg in dieser Richtung weitergehen würde. Aber wie?

Eines Tages durchsuchte ich das Internet nach Büchern, als plötzlich eine Anzeige von Martins Heilerschule »dazwischenfunkte«. Ich folgte dem Link und mir liefen Tränen der Freude übers Gesicht. Ich wusste: Da war der Weg. Doch wie sollte ich das bezahlen? Ich hatte keinen Job, besaß nichts – sparte gerade für einen Wasserkocher. Schließlich gab mir eine Freundin das Geld und ich buchte den ersten Lehrgang.

»Hier muss niemand seinen Namen tanzen«, sagte Martin einmal im Verlauf des Kurses und ich lächelte innerlich, denn ich wusste, dass ich auch deswegen gerade hier war. Die Arbeit während dieser Woche war einfach, klar und direkt – ohne spirituell abgehobenes Gehabe. Martin war sehr kraftvoll und unter seiner Anleitung wurden wir zu Heilern und Geheilten – jeder in seinem Tempo. Ich war nicht allein voller Dankbarkeit, zu sehen, wie einfach und effizient die Techniken funktionierten, die Martin uns gab.

Mit neuem Selbstvertrauen und voller Kraft fuhr ich nach Hause. Dort stellte ich erstaunt fest, dass meine Pflanzen plötzlich mit mir sprachen. Sie riefen nach Wasser und mein Gummibaum tat so, als würde es ihn kitzeln, wenn ich ihn besprühte.

Sofort wollte ich auch hier praktizieren. Meine erste Klientin war meine Schamanin. Es folgten weitere und ich durfte immer wieder feststellen, dass ich tatsächlich zu einem Kanal für Heilung geworden war.

Bei meinem ersten Feuerritual (eine Hausaufgabe) stand ich allein in der Dunkelheit in einem Steinbruch. Überall waren unheimliche Geräusche – ich hatte Angst. Nachdem ich den heiligen Raum geöffnet hatte, flog der Geruch von Martins Duftwasser (er benutzt es für Heilungen) an meiner Brust vorbei und nahm meine Angst mit. Eine wunderbare Geschichte mit schnellem Happy End? Leider nicht! Während ich diesen Bericht schreibe, befinde ich mich mal wieder in tiefer, dunkler Verwirrung. Für meinen Traum von einer kleinen schamanischen Praxis findet sich gerade kein Weg. Ich bin von existenzieller Angst geschüttelt. Niemand kommt mehr zur Behandlung, kein Job oder Geld scheint in Sicht.

Was ist los? War alles nur die Ausgeburt eines euphorischen Glaubens, eine Illusion, genährt von Hoffnung? Nein. Dieser tieferen Schicht von Angst, mit der ich mich gerade konfrontiert sehe, kann ich überhaupt nur aufgrund der vorangegangenen Arbeit gegenübertreten. Denn ich fühle gleichzeitig, wenn auch nur flüchtig, so doch grundlegender, ein Vertrauen in die Existenz, die mir den Weg noch weisen wird. Unterdessen arbeite ich weiter an meiner Angst und an meiner Erdung.

Die Wanderung auf dem schamanischen Weg geht immer weiter, spiralförmig führt sie durch die dunklen Bereiche in immer größere Freiheit. Die Wegzehrung besteht aus wachsender Lebensfreude, Liebe und Vertrauen. Das Gepäck, das unterwegs verloren geht, ist ausschließlich dasjenige, das wir sowieso loswerden wollten. Ich freue mich für jeden, der diesen Weg betritt!

Daniela

•

Hallo,

ich habe mich seit längerer Zeit schon mit Energiearbeit beschäftigt. Nachdem ich aber ein Buch über die Heiltechniken der Inka-Schamanen gelesen hatte, wollte ich über diese Art Heilung unbedingt mehr wissen und recherchierte im Internet, wo ich schließlich die Homepage des »Shamanic Healing Institutes« fand. Das Kurzseminar mit schamanischer Heilreise erweckte sofort mein Interesse und ich meldete mich für den nächsten Termin, der schon zwei Wochen später sein sollte, an.

Als Martin anfing über die Heiltechnik zu berichten, wusste ich sofort, dass es genau das ist, was mir noch fehlte, um endlich meinen Herzenswunsch erfüllen zu können: den Menschen und auch mir selbst zu helfen. Ich musste diese Heiltechnik einfach erlernen.

Das nächste Basisseminar war in einem Monat und ich wollte unbedingt teilnehmen, aber woher sollte ich das Geld dafür nehmen? Einige Tage später hatte ich das nötige Geld zur Verfügung und konnte mich endlich für das Seminar anmelden. Ich konnte es gar nicht abwarten, bis es endlich losging.

Dann war der Tag endlich da, ich freute mich sehr auf das Seminar, aber als ich anfing, meine Sachen ins Auto zu packen, überfiel mich plötzlich ein Gefühl von Angst und Zweifel. Ich fragte mich selber, was ich denn hier wohl machen würde. Warum ich denn für so etwas so viel Geld ausgeben würde und war am Überlegen, ob ich überhaupt noch fahren sollte. Ich setzte mich trotzdem ins Auto und fuhr mit einem unguten Gefühl in der Magengegend los. Je weiter ich mich von zu Hause entfernte, desto besser fühlte ich mich wieder und fing auch wieder an, mich auf das Seminar zu freuen. Allerdings war immer ein Gefühl von Angst dabei. Angst vor all dem, was auf mich zukommen würde und vor allem vor all den Menschen, die auch an dem Seminar teilnehmen würden.

In der wunderschönen Villa Schaaffhausen angekommen, fühlte ich mich trotz meiner anfänglichen Bedenken sofort wohl unter den Leuten meiner Gruppe, von denen ich bereits beim Mittagessen einige kennen lernte. Dann sollte um 14 Uhr das Seminar beginnen. Ich sollte mich vor all diesen Fremden vorstellen. Das war schon früher in der Schule immer mein größtes Problem gewesen und mein Herz raste wie wild. Ich machte diese Angst unter anderem zum Thema des ersten Clearings. Während des Clearingvorgangs sah ich wunderschöne Farben und danach fühlte sich mein Chakra an, als ob jemand in ihm einen Ventilator aufgebaut hätte. Es war ein leichteres, freieres Gefühl. Als wir dann unsere Erfahrungen vor der Gruppe erzählen sollten, war ich von mir selber überrascht, als auch ich mich ohne nachzudenken meldete, um das, was ich erlebt hatte, mit den anderen zu teilen. Ich tat es sogar gerne.

Ich hatte mich darauf eingestellt, dass die anderen Clearings ungefähr genauso sanft verlaufen würden und freute mich darauf, endlich meine Ängste loszuwerden.

Die nächsten Clearings, besonders das dritte und das vierte waren sehr, sehr intensiv. Ich fühlte mich, als ob meine Arme und Beine am Boden gefesselt wären, konnte mich nicht mehr bewegen und fühlte nur dieses starke Kribbeln in den Armen und Beinen. Als das Kribbeln endlich nachließ und ich wieder Gefühl in meinen Armen und Beinen hatte, hatte ich ein wunderschönes Gefühl. Ich fühlte mich endlich frei. Es war ein Gefühl von Freiheit, wie ich es noch nie in meinem Leben gefühlt hatte. Ein Gefühl als ob mir jemand die Fesseln, die mir so lange ins Fleisch geschnitten hatten, gelöst hätte. Ich war einfach nur glücklich.

Der letzte Tag des Seminars kam viel zu schnell. Ich wollte noch gar nicht wieder nach Hause, wollte einfach alles, wirklich alles, restlos loswerden. Zudem hatte ich unsere Gruppe sehr ins Herz geschlossen. Es herrschte einfach eine wundervolle Energie. Das letzte Clearing, ich hatte mich schon wieder auf eine sehr intensive Erfahrung vorbereitet, verlief aber sehr ruhig. Ich fühlte einfach nur, wie alles, was nicht mehr zu mir gehörte, meinen Körper verließ und fühlte mich sehr gut dabei.

Auch die Zeremonien, die wir während des Seminars in den Abendstunden erlebten, waren wunderschön und sehr bewegend. Es sind wirklich sehr ergreifende Erfahrungen, die jeder selber erleben sollte.

Ich möchte keinen einzigen Tag dieser wunderschönen, intensiven Woche missen und bin sehr dankbar, dass ich dieses alles erleben durfte. Ich habe mich bereits zum Seherkurs angemeldet und fiebere auch dem wieder entgegen. Alles Liebe, Kerstin

•

Hallo Martin!

Also vorerst bin ich überglücklich, dass ich durch Zufall im Internet dieses Seminar entdeckt und besucht habe. Ich habe von diesem Tag nur profitiert. Ich war auch 5 Tage schmerzfrei. Ich denke noch oft an diesen Tag und wie ich weitermachen könnte, denn ich will diese Knochenmetastasen endgültig loswerden. Uwe

•

Hi Martin,

die Sitzung am letzten Donnerstag war sehr wirkungsvoll. Ich hatte am Wochenende ein Seminar und dabei ist deutlich aufgefallen, dass ich viel mehr als vorher bei der Sache war. Ich hatte nicht mehr das Bedürfnis, mich in meinen inneren Raum zurückziehen zu müssen. Ich konnte mich auf die Anforderungen einlassen und war beinahe permanent präsent. Es ist ein Gefühl, losgelassen zu werden und handeln zu können. Dieses Empfinden ist ein sehr wichtiger Schritt, da es genau den Kern der Sache trifft.

Der Gesamtzustand ist immer noch genau derselbe, nur dass er jetzt wesentlich abgeschwächt ist. Es kommt immer noch das Gefühl auf, zwischendurch von bestimmten Dingen attackiert zu werden. Aber jetzt verliere ich mich nicht mehr darin, sondern kann den Überblick eher behalten. Ich kann dem jetzt eher standhalten und verliere nicht mehr so schnell den Boden unter den Füßen. Es ist so, als ob die Lautstärke deutlich heruntergefahren worden ist.

Bin mal gespannt, was in Zukunft noch alles so passieren wird. Hoffentlich geht die Entwicklung einfach in diese Richtung weiter, so dass ich frei von den Zweifeln werde und sicher auf dem Boden stehe.

Danke für die Hilfe, Marco

•

Hallo Martin, hallo Conny,

ich bin gestern mit einem merkwürdigen und entspannten Gefühl gegangen. Auf der Heimfahrt hatte ich zunächst nochmals den Impuls zu weinen und später zu lachen. Ich bin in der Tat grinsend durch den Hof gelaufen. Alles setze sich ein wenig und ich war entspannt und müde. Zu dem Bild des eingefrorenen Mannes wollte ich noch etwas sagen. Es kann sich um meinen Opa handeln, der gestorben ist als ich ca. 13 Jahre alt war. Ich weiß nämlich noch sehr genau, dass er mir am Abend vor seinem Tod in der Nacht die Hand gereicht hat und ich wusste, dass es ein Abschied war und er sterben würde. Ich kann mich aber nicht erinnern in dem Moment mit jemandem gesprochen zu haben oder unmittelbar später. Als ich heute einer Freudin davon erzählt habe, musste ich auch wieder weinen. Zudem hatte mein Opa Angst vor Krankheiten. Ich erinnere mich auch noch daran, nicht sehr lange nach seinem Tod einen Traum gehabt zu haben, wo ich auf der Treppe stehe und er (nicht krank aussehend) mich mit angespanntem Gesicht ansieht, nichts sagt, aber in sein Schlafzimmer, der Raum in dem er auch gestorben ist, zurückgeht.

Mir ging es heute morgen gut und ich brannte darauf die Erfahrung mit einer Freundin zu teilen. Ich fühlte mich auch entspannt, was sich gehen Abend etwas gelegt hat und abgelöst wurde durch eine innere Unruhe und einen Drang, etwas zu tun ohne die Richtung zu kennen. Allerdings war ich in einigen Situationen entspannter als sonst und hatte heute auf jeden Fall eine positive Grundstimmung. Irgendwie habe ich das Gefühl, es arbeitet noch, kann ich nicht näher erklären. Jetzt wo ich schreibe und nochmal über den Tag nachdenke, spüre ich auch wieder leichte Schmerzen in der Herzgegend oder ein Druckgefühl in der Brust.

So, ich glaube, das war's
Dankeschön, es war auf jeden Fall eine wertvolle Erfahrung
Gruß Nicole

•

Hi Martin,

Es lässt sich jetzt schon ein Effekt der Sitzung von gestern absehen. Was ins Bewusstsein getreten ist, ist die Angst davor, nicht wieder gesund zu werden. Ich habe einen großen Willen zur Heilung und mich auch dazu entschlossen, alles mir irgendwie Mögliche zu tun. Das Problem war nur, dass ich immer versucht habe alles nach meinen Vorstellungen ablaufen zu lassen. Das hatte dazu geführt, dass mein Ich (das kleine Ich) eine viel zu große Last zu tragen hatte, weil es dann meint Dinge verändern zu müssen / können, über die es keine Macht besitzt. Dadurch verweigert es sich dem natürlichen Fluss und übernimmt eine nicht zu tragende Aufgabe.

Jetzt wird klar, dass das Ich sich einfach dem Lauf der Dinge überlassen sollte (dem großen Ich), egal, was dann passiert. Denn ob nun Heilung geschieht oder nicht – das ist die einzige Möglichkeit, sich von den Ursachen der Krankheit zu lösen. Es geht wohl darum, sich aus dem alten Kontext zu lösen und sich in einen neuen einzufügen. Nur dann geschieht, was geschehen kann, was möglich ist. Dieses Lösen ist mir bis jetzt nicht möglich gewesen und das hat zu einer völligen Verhärtung und Erstarrung geführt. Dabei besteht ein Gefühl von Druck, eingesperrt zu sein und Gewicht, das von außen auf mir lastet und mir die Möglichkeit nimmt, mich zu bewegen. Das ist dann auf allen Seinsebenen der Fall und leider bis in den Körper auskristallisiert. Ich habe lediglich Zweifel an der Genesung des Körpers, die inneren Dimensionen scheinen sich leichter verändern zu lassen. Der Körper setzt mir (scheinbar) Grenzen und daher fällt es schwer, sich mit ihm anzufreunden.

Diese Sache tritt immer klarer ins Bewusstsein und dadurch kommt es zu einem Gefühl von Erlösung, Erleichterung, Lebendigkeit. Hoffentlich geht das weiter so – in guten Phasen bin ich mir ziemlich sicher und habe Vertrauen.

Vielen Dank für die Hilfe! Marco

•

Hallo Martin,

Ich war bei deiner letzten Heilreise 2005 in Wien dabei und möchte mich auf diesem Wege noch mal bei Dir für Deine Hilfe bedanken.

Ich habe meine alten Ängste hinter mir gelassen und ich weiß, dass mein Weg in die schamanische Richtung geht (ich wusste es zwar schon mein ganzes Leben, aber der richtige Zeitpunkt für mich, mich damit auseinander zu setzen, beginnt jetzt).

Tausend Dank für deine Begleitung auf diesem Weg.
Liebe Grüße aus Wien
Sendet Dir Heide

•

Hallo Martin,

nachfolgend, wie versprochen, mein Feedback:

Noch am selben Abend der Fernheilung haben mich Existenzängste überkommen, die ich in dieser Dimension schon lange nicht mehr erlebt hatte. Da wurde mir auch schlagartig bewusst, was Du mit "Thema" meintest. Glaube mir, das nächste Mal kann ich mein

Thema mit Sicherheit benennen. Außerdem fühlte ich mich ca. 1 Woche lang körperlich sehr erschöpft. Heute sind meine Ängste zwar noch immer da, aber Gott sei Dank in

abgeschwächter Form, und körperlich fühle ich mich eindeutig leichter. Im Außen habe ich mich das erste Mal seit Jahren für einen Job beworben, den ich wirklich von Herzen gern machen würde. Ich glaube also fest an ein Weihnachtswunder.

In diesem Sinne wünsche ich Anja und Dir fröhliche Weihnachten, erholsame Feiertage und einen gelungenen Rutsch ins neue Jahr.

Alles Liebe aus dem stürmischen Wien
Daniela

•

Kleines energiemedizinisches Glossar

Chakra, (pl. Chakren). Sanskrit für »Lichträder«. Es gibt unzählige Bücher aller Mysterienschulen über Chakren. Ich wollte kein neues Buch über Chakren schreiben. Für mich sind Chakren drehende Energiespeicher – mehr nicht. Jegliche Zuordnung eines Chakras zu einem Problem, zu einer Farbe, zu einer Eigenschaft, sind sehr westlich: damit zwar logisch, aber nicht wirklich richtig. Die Ursache eines Magenproblems etwa kann genau so gut in einer Energiestörung des Herzchakras liegen. Jegliche Zuordnung ist verwirrend – deswegen nehme ich sie nicht vor.

Energie. Für Energieseher ist Energie schlicht »Licht«, viertes Element in der Natur neben Körper, Geist und Seele. Sie werden klassisch durch Medizin (Körper), Psychologie (Seele) und Wissenschaft (Geist) behandelt.

Da es schwierig ist, Energie präzise zu definieren, hat dies dazu geführt, dass Energie als Heilthema der Mysterienschulen vom Christentum und vom wissenschaftlichen Weltbild stark verdrängt wurde. Erst die Psychoanalyse, ihre Methode der Traumdeutung und Sigmund Freuds Untersuchungen zu Riten in anderen Kulturen bringen die Möglichkeit »anderer« Sichtweisen der Heilung wieder ins Feld.

In der spirituellen Medizin wird JEDES Symptom, ob physisch oder psychisch, als eine energetische Störung behandelt, ohne deren Behebung nicht die wahre Quelle des Problems geheilt würde.

Envisioning. Erfüllung der Vision, des Lebenstraums, des Lebensvertrages. Entgegen unserer abendländischen Kultur nimmt ein »Problem« im westlichen Sinne in anderen Traditionen nur wenig Raum ein. Probleme sind –>Manifestationen von Energiestörungen. Diese Störungen sind schnell veränderbar. Somit fehlt eine jahrelange Beschäftigung mit Problemen, denn die Hauptaufgabe unseres Lebens besteht im »Bestellen unserers Ackers«, im Realisieren unseres Lebenstraums, unserer Visionen. Im dritten Kurs der »Energieschule« lernen die Teilnehmer, ihren Lebenstraum mit Hilfe von Energietechniken energetisch in dieses Leben zu »holen«.

Geist. Oft agiert der Geist in der Weise, dass er permanent versucht, herauszufinden (meistens durch Grübelei), warum wir uns unwohl fühlen. In unserer westlichen Welt benutzen wir den Geist unter anderem in der Hoffnung, unsere Probleme zu lösen. Die Ebene des Geistes ist im Kontext Heilung (als Klient) vollkommen überflüssig. Als ist der Geist zur Formulierung von Intentionen wichtig.

Intention. Die Intention ist das klare Formulieren einer Absicht, die im Geist ihren Ursprung hat, aber mit einer Energie versehen wird, die sich dann im Außen irgendwann ->manifestiert. (Jeder kennt die Parkplatzübung, in der man sich einen Parkplatz wünscht.)

Intuition. Intuition ist ein Gefühl, welches manchmal keinen rationalen Grund hat, sich aber später als richtig erweist. Das Vertrauen in die eigene Intuition ist das, was wir fast alle verloren haben. In dem Kontext der energetischen Medizin lernen die Teilnehmer in der Energieschule die eigene Lebensführung den Naturkräften zu überlassen, der eigenen Intuition. Die Intuition führt uns dann zu den richtigen Entscheidungen im Leben.

Körper. Der Körper ist der physische Körper.

Licht. Energie. Wo innerer Widerstand herrscht, ist Spannung und damit Unwohlsein.

Manifestation, sich manifestieren. Bedeutet in diesem Kontext »sich zeigen« in der Realität. Eine Energiestörung kann sich zum Beispiel als körperliches Problem manifestieren oder auch in den Lebensumständen zeigen, in denen wir leben. Mangeldenken, der falsche Partner u.v.m sind Manifestationen von Energiestörungen.

Energieseher. »Mittler zwischen Welten« – der realen und die energetischen Welt.

Seele. In diesem Kontext ist damit der seelische Bereich, der Bereich der Gefühle (Ängste, Depression, Trauer u.v.m.) gemeint.

Sehen. »Energien Sehen« – das ist die Fähigkeit, die ein Energieseher erlernen muss, um Symptome in Form von dunklen Flecken (Energiestörungen) im leuchtenden Energiefeld des Klienten zu finden. Durch weitere Techniken lernt der Teilnehmer in der Energieschule, die Naturkräfte der Klienten zu aktivieren.

Vision. Die Vision ist der Lebenstraum, die Erfüllung des Lebensvertrages, mit dem wir geboren sind.

Lieber Leser,

die Arbeit eines Energiesehers erfordert sicherlich Grenzen unseres westlichen Denkens zu überwinden und zu überschreiten.
Die Effektivität dieser Arbeit spricht allerdings für sich.
»Was wirkt hat recht«

Bitte lassen Sie dieses Buch nach dem Lesen unbedingt weiter im Fluss und geben es an Bekannte weiter.